酒ジャーナリスト
葉石かおり

すぐ呑み

つまみと酒122

SHINKO MUSIC ENTERTAINMENT CO.,LTD.

はじめに

だって、すぐ呑みたいじゃない

　家に帰ったら、とにかく早く呑みたい。
　お酒好きだったら誰しもそう思うのではないでしょうか？ え、私だけ？
　そんな切なる思いをギューッと凝縮して作ったのが、この122のおつまみレシピです。

　すぐ呑みたいがためのカンタン料理で、誰でも失敗なく作れちゃいます。これは決して謙遜で言っているのではありません。と言いますのは、恥ずかしながら私は27歳でひとり暮らしをするまで、まともに料理をしたことがなかったからです。当時、作れたのはカレーと目玉焼きくらい……、と言えば料理の腕がどれほどのレベルかがわかりますよね。

　そんな私でも、ひとり暮らしを続けるうち、作れるようになったのは酒の肴です。「さっさと作って、すぐに呑みたい」一心で考えたレシピなだけに、どれもびっくりするくらい手早くできます。そして何よりお酒が進む。進みすぎて、困っちゃうくらい。まさに酒好きによる、酒好きのためのレシピ本です。

ここではそれぞれの料理に日本酒を合わせていますが、ビールや本格焼酎、ハイボールなどにもよく合います。「すぐ呑み」なのですから、あまり堅苦しく考えず、ご自宅の冷蔵庫にあるお酒で気軽に楽しんでください。

　調理器具に関しても、特別なものは使っていません。食材もほぼスーパーで揃うものばかりです。写真を見て、「作りたいな」と思ったら、すぐ作れるのも本書の魅力の一つでもあります。また少し時間に余裕のある週末に作りおきできるレシピもプラスしました。

　コンビニやデパ地下のお惣菜もいいけれど、やっぱり手作りが一番。それもちゃっちゃっと作れる料理が最高ですよね。うーん、こんなこと書いていたら飲みたくてうずうずしてきました。さあ、「すぐ呑み」の出番です。

2019年11月吉日
酒ジャーナリスト　葉石かおり

すぐ呑み
つまみと酒122
目次

| 2-3 | はじめに |
| 10 | この本の使い方 |

PART 1
5分以内でできる、決定版「すぐ呑み」

12-13	スナック風ヤングコーン
14-15	豆腐の塩漬け カプレーゼ風
16	枝豆のラー油炒め
17	奈良漬けとチーズのミルフィーユ
18	いちじくの生ハム巻き
19	つまチップサラダ
20	いぶりっちょ
21	セロリと燻製いかのマリネ
22	マッシュルームのカルパッチョ
23	お揚げのパクチーソースがけ
24	スパイシーチータラ焼き

25	たことキウイの簡単マリネ
26	たこのアヒージョ
27	トロたく
28	レタスのタイ風炒め
29	みそ de 刺し身
30	ハニーチーズ
31	水きりヨーグルトのカプレーゼ風
32	たけのことみょうがのナムル
33	うずらの卵の前菜風
34	カリカリスパム
35	ポテサラベーコン巻き
36	ところてん納豆
37	甘しょっぱ栗
38	塩辛パクチー

PART 2
10分以内で簡単おいしい！

40-41	谷中生姜の肉巻き
42-43	明太子とれんこんのアヒージョ
44	洋風れんこんきんぴら
45	じゃがいもの酒盗ガーリックマヨ炒め
46	厚揚げのごままぶし
47	厚揚げと豚バラのコクうま炒め
48	プチソーセージロール
49	サバサンド
50	白子の卵とじ
51	干し柿とチーズの春巻き

52	クレソンのブルスケッタ
53	ほたるいかとえりんぎのソテー
54	えのポン肉巻き
55	たけのことあさりの酒蒸し
56	ハニーマスタードベーコン
57	きゅうりの豚バラ巻き
58	たぬき豆腐
59	豆腐のなめろう
60	さんざく
61	天たま
62	車麩の照り煮
63	れんこんチーズせんべい
64-65	トマトのチーズ焼き
66	チーズチリポテト
67	ソムタムもどき
68	アボカドのレンチン蒸し
69	アボカドエッグ
70	油揚げの香味サラダ
71	桜ポテト
72	いかり豆
73	トマトと卵のふわっと炒め
74	おつまみ茶わん蒸し
75	えびのカレー風味揚げ
76	えび玉トースト
77	牡蠣とクレソンのバター炒め
78	牡蠣の揚げ出し
79	スタミナ肉吸い
80	牛肉とルッコラの炒め物
81	牛肉とトマトのすき焼き風

82	ごぼうと牛肉のサッと炒め
83	ガーリックシュリンプ
84	かっぱチヂミ
85	しらたきのチャプチェ風
86	サバのマリネ焼き
87	柿の白あえ
88	パインのバター焼き

PART 3

15分以内で本格つまみ

90-91	オムコロ
92-93	新生姜ときゅうりのギョーザ
94	チーちく焼き
95	キムチの豆腐グラタン
96	ゴーヤとツナのサラダ
97	キムチ納豆鍋
98	下町風肉豆腐
99	いかとパクチーのサラダ
100	枝豆とあさりの煮びたし
101	タイ風サバの竜田揚げ
102	れんこんと桜えびのチーズ焼き
103	揚げかぼちゃのバルサミコ酢ソース
104	鶏せり鍋
105	鶏手羽中肉のXO醤焼き
106	豚肉のにらチーズ巻き
107	肉巻き卵
108	りんごとベーコン焼き

109 パプリカのブルスケッタ
110 納豆ナーラ

PART 4
休日はゆっくり「ゆる呑み」つまみ

112-113 鯛のあら飯
114-115 紅茶豚
116 白菜と油揚げの煮びたし
117 玉ねぎのベーコン詰め
118 甘酒オムレツ
119 卵春巻き
120 いかの姿煮
121 肉大根
122 コクうま大根ステーキ
123 簡単アクアパッツァ
124 スパイシーささみジャーキー
125 手羽元のこっくり煮
126 アテおこわ

PART 5
作りおきでいつでも「すぐ呑み」

128-129 クリームチーズの粕漬け
130-131 筋子の昆布締め
132 ピーナッツの黒酢漬け

133	柿と玉ねぎのマリネ
134	卵黄のしょうゆ漬け
135	梅干しキムチ
136	ぶどうのマリネ
137	柿ピーチーズ
138	自家製干し大根のハリハリ漬け
139	クリームチーズのみそ漬け
140	煮干しのオイルサーディン風
141	ごぼポン揚げ
142	焼きなすのマリネ
143	牡蠣のオイル漬け
144	鮭の南蛮漬け
145	鶏レバーのウスターソース漬け
146	紅茶煮卵
147	紅生姜
148	はちみつ梅干し

149	「基本のき」がわかれば簡単! 料理とお酒のペアリングのポイント
150-151	「すぐ呑み」をおいしくサポート ちょい足し調味料
152-159	材料別INDEX

※この本は、朝日新聞に連載されている「葉石かおり姐さんの酒な屋」の、2013年4月〜2019年10月までの分を再構成してまとめたものです。料理写真は著者が撮影していますが、一部は書籍用に改めて撮影したものを掲載しています。

この本の使い方

レシピコーナー

■ 表示している時間は、調理時間の目安です。下準備や漬けおきなどの時間は含みません。

■「作りやすい量」で紹介しているレシピの写真の一部は、撮影用に1〜2人分で盛り付けしています。できあがりの量とは異なりますのでご注意ください。

■ 小さじ1は5ml、大さじ1は15ml、1合は180mlです。1合を計るときは、200mlのカップではなく、炊飯用の180mlカップをご使用ください。

■ オリーブオイルの表記は、「オリーブオイル」で統一していますが、加熱しないで使う場合はエキストラ・バージン・オリーブオイルをおすすめします。

■ フライパンは、基本的にフッ素樹脂加工のものを使用しているため、レシピによっては油を使わない調理法を紹介しています。

■ 電子レンジの加熱時間は、600Wのものを使用したときの目安です。500Wの場合は、加熱時間を1.2倍にしてください。ただし、機種や加熱に使用する容器によって、加熱時間が異なるため、様子を見ながら調整してください。

■ 作りおきレシピは、しばらくおくと味がなじんでおいしく食べられますが、保存食ではありません。冷蔵庫に保存して、できるだけ早めに食べきるようにしてください。

お酒コーナー

● 料理と相性のよい日本酒をはじめ、その他のお酒も紹介しています。季節限定品もありますので、発売時期や取り扱い酒店は、各酒造メーカーのHPでご確認いただくか、お電話でお問い合わせください。

● グラスマークは冷酒（5〜20℃）で、徳利＆お猪口マークはお燗（30〜55℃）がおすすめです。両方のマークがある場合はどちらもおすすめで、幅広い温度帯を楽しめます。

※料理とお酒のペアリングのポイントは、P149を参考にしてください。

PART **1**

5分以内でできる、決定版「すぐ呑み」

PART 1

5分以内でできる、決定版「すぐ呑み」

スナック風ヤングコーン

1/ ヤングコーンにつまようじを刺す。

2/ フライパンにオリーブオイルを熱し、1を炒める。軽く焦げ目がついたら酒をまわしかけ、ふたをして少々蒸す。水気がなくなったら塩、こしょうを振り、粉チーズをまぶす。

[材料] 2人分

ヤングコーン	8本
オリーブオイル	適量
酒	大さじ1/2
塩・こしょう	各少々
粉チーズ	適量

POINT

味を濃いめに仕上げたいときは、オリーブオイルの代わりにバターを使って。

▶「富久福　特別純米」
（茨城県・結城酒造）

角のないなめらかさとたっぷりの旨味がチーズやバターによく合う。女性杜氏の浦里美智子さんの愛が詰まった、ふくよかで優しい味わい。

PART 1

5分以内でできる、決定版「すぐ呑み」

豆腐の塩漬けカプレーゼ風

1/ トマトと下準備しておいた豆腐を約1cm厚さに切り、皿に交互に並べ、オリーブオイル、こしょうをかける。あれば、タイムを飾る。

[材料] 2人分
※写真は1人分

豆腐	1/2丁
塩	適量
トマト	大1個
オリーブオイル	適量
こしょう	少々

〈下準備（前日）〉
豆腐は水気をよくきったあと、全面に塩をまぶす。キッチンペーパーに包んで容器に入れ、冷蔵庫で一晩寝かす。水がたまってきたら随時捨てる。

▶ **宝川　純米しぼりたて生原酒」**
（北海道・田中酒造）

フレッシュ！の一言。ほどよい辛口で、豆腐をはじめ淡泊な食材にピッタリです。取り寄せてでも飲みたいお酒。この蔵のみりんもオススメ。

15

PART 1

5分以内でできる、決定版「すぐ呑み」

3分

枝豆のラー油炒め

[材料] 作りやすい量

枝豆（塩ゆで）……100g
食べるラー油……小さじ2
サラダ油……………適量
酒………………大さじ1

お好みでプラス+

花椒（ホアジャオ）を振る。

1/ フライパンにサラダ油を熱し、食べるラー油を加え、香りが出るまで炒める。枝豆と酒を加え、炒める。

▶「千代むすび　純米吟醸　山田錦　無濾過原酒生」
（鳥取県・千代むすび酒造）

季節限定酒。若々しい苦味がアクセント。重くもなく軽くもない、ちょうどいい旨味のバランスで、スパイシーな料理にも◎。ビールと合わせても！

PART 1

5分以内でできる、決定版「すぐ呑み」

奈良漬けとチーズのミルフィーユ

[材料] 2人分

プロセスチーズ……4枚分
奈良漬け
　　　……3切れ分（30g）

お好みでプラス ＋

黒こしょうを少々振る。彩りにプチトマトを添えても。

1/ プロセスチーズと奈良漬けを同じくらいの厚さに切る。
2/ 皿に、プロセスチーズ、奈良漬けと交互に重ね、奈良漬けのみじん切り（分量外）を飾る。

▶「賀茂泉　純米吟醸　朱泉　本仕込」
（広島県・賀茂泉酒造）

特にぬる燗がオススメ。奈良漬けの優しい甘味に寄り添ってくれる優しい味わい。フワッと香る麹の香りに癒される。

PART 1

5分以内でできる、決定版「すぐ呑み」

いちじくの生ハム巻き

[材料] 2人分

いちじく …………… 2個
生ハム …………… 8枚
塩 ………………… 少々

お好みでプラス＋

オリーブオイルを適量かける。

1/ いちじくはへたを取って皮をむき、縦に4等分する。

2/ 1に生ハムを巻き、塩を振る。

▶「羽根屋　純吟プリズム　究極しぼりたて」
（富山県・富美菊酒造）

フルーツのようなジューシーな甘味が、いちじくの甘酸っぱさに合う。ワイングラスで飲むと、芳しい香りが一層引き立つ。スパークリングワインにも。

PART 1

5分以内でできる、決定版「すぐ呑み」

つまチップサラダ

[材 料] 作りやすい量

A｜刺し身のつま
B｜かいわれ大根
　｜A：Bは同量に

ポテトチップス
（お好みの味）……… 適量

好みのドレッシングやポン酢
……………………… 適量

1／ 刺し身のつまとかいわれ大根を器に入れて混ぜ、ポテトチップスを砕いてのせる。

2／ 食べる直前に好みのドレッシングやポン酢をかける。

▶「蒼空　純米酒　美山錦」
（京都府・藤岡酒造）

軽快なのど越しと、爽快な後口。「復活蔵」として知られる。蔵には、仕込み蔵を眺めながら飲める酒蔵Barを併設。人気の観光スポットとなっている。

19

PART 1

5分以内でできる、決定版「すぐ呑み」

いぶりっちょ

[材料] 作りやすい量

いぶりがっこ（薄切り）
　　　　　　　　　20g
オリーブオイル　　　適量
パルメザンチーズ　　適量
粗びき黒こしょう　　少々

1/ いぶりがっこを皿に並べ、オリーブオイル、パルメザンチーズ、粗びき黒こしょうを振る。

▶「阿櫻　超旨辛口　特別純米　無濾過原酒」
（秋田県・阿櫻酒造）

シャープなキレ、たっぷりとした旨味の合わせ技。いぶりがっこやブルーチーズといった個性的な食材とも難なくマッチする。麦焼酎のお湯割りにも。

PART 1

5分以内でできる、決定版「すぐ呑み」

3分

セロリと燻製いかのマリネ

[材料] 2人分

セロリ …………… 1本

燻製いか（市販）
　………… 1/3パック

A｜オリーブオイル
　　………… 大さじ1
　｜すし酢 ……… 大さじ2
　｜塩・こしょう …各少々

1/ セロリは筋を取って、斜め薄切りにする。

2/ ボウルに1と燻製いか、Aを入れてよく混ぜる。

▶「富翁　純米酒　プルミエアムール」
（京都府・北川本家）

「ワイングラスでおいしい日本酒アワード2012」最高金賞受賞。白ワインを思わせる甘酸っぱさ。ほのかに香る麹の風味が心地よい。

BEST PAIRING

PART 1

5分以内でできる、決定版「すぐ呑み」

マッシュルームのカルパッチョ

[材料] 2人分

マッシュルーム …… 6個
パルメザンチーズ（薄切り）
………………………… 適量
塩・こしょう …… 各少々
オリーブオイル ……… 適量

お好みでプラス＋

ピンクペッパーを適量。

1/ マッシュルームは好みの厚さにスライスし、皿に並べる。

2/ 1にパルメザンチーズを散らし、塩、こしょうを振る。最後にオリーブオイルをまわしかける。

BEST PEARING

▶「青煌 純米 爽」
（山梨・武の井酒造）

夏限定の爽やかな飲み口が、この料理のシンプルな味にぴったり。醸造元の武の井酒造は、松尾大社で行われる「酒-1グランプリ」の出場蔵の常連。

PART 1

5分以内でできる、決定版「すぐ呑み」

お揚げのパクチーソースがけ

[材料] 作りやすい量

油揚げ ………… 1枚
パクチー ……… 4〜5本
A 長ねぎ（小口切り）
　　　　　　…… 3cm分
　ごま油 ……… 大さじ1
　塩 …………… 少々

アレンジレシピ

パクチーのソースは豆腐やギョーザに添えても。工夫次第であれこれ使えます。

1/ 油揚げはオーブントースターか魚焼きグリルで焦げ目がつくまで焼き、4等分に切る。

2/ パクチーはみじん切りにする。ボウルにパクチーとAを入れ、しんなりするまで混ぜ、油揚げにかける。

POINT 塩はやや多めに加えるとおいしさup。

▶「こっそり　純米原酒」
（石川県・加越酒造）

酸味と甘味のダブルパンチが、個性的な風味のパクチーとベストマッチ。新聞紙にくるまれたユニークなルックスで、プレゼントにも喜ばれそう。

PART 1

5分以内でできる、決定版「すぐ呑み」

スパイシーチータラ焼き

[**材料**] 2人分

チータラ（市販）　　10本
カレー粉 ………… 少々
こしょう ………… 少々

※ここでは「祇園　原了郭」のカレーパウダー（スパイシー）を使用。1つあるとあれこれ使えて便利です。

1/ フライパンにクッキングシートを敷き、チータラの両面に焦げ目がつくまで焼く。

2/ 1を皿に盛り、カレー粉、こしょうを振る。

▶「若竹屋　純米　坐」
（福岡県・若竹屋酒造場）

力強い米の旨味が全面に出ている、チーズやスパイスに負けない骨太な味。ちょっと熱めに燗をつけて飲みたい。赤ワインにも。

※『チータラ』は、(株)なとりの登録商標です。

PART 1

5分以内でできる、決定版「すぐ呑み」

たことキウイの簡単マリネ

[材 料] 2人分

たこの足 ……1本（100g）
キウイフルーツ …… 1個
A｜オリーブオイル
　　　………大さじ1/2
　｜塩・こしょう …各少々

1/ たこの足は一口大に切る。キウイフルーツは皮をむいてから一口大に切る。

2/ 1をボウルに入れ、Aを加え、よく混ぜる。

BEST PEARING

▶「東洋美人　純米大吟醸　壱番纏（いちばんまとい）」
（山口・澄川酒造場）

豊かな果実味とキウイの甘酸っぱさが絶妙なコンビネーションを生み出す。「透明感のあるお酒」と言えば、すぐに思いつく代表格の酒。

PART 1

5分以内でできる、決定版「すぐ呑み」

たこのアヒージョ

[材料] 2人分

たこの足（ぶつ切り）
　…… 1本分（100g）
にんにく ………… 2片
A | オリーブ油 …… 適量
　| 赤唐辛子（小口切り）
　| ………… 少々
　| 塩 ……… ひとつまみ

POINT

オイルはたっぷりと使うこと。バゲットをオイルにひたして召し上がれ。

1/ にんにくを4等分に切る。フライパンにAとにんにくを入れて弱火にかける。

2/ にんにくの香りが出たら、たこを入れて軽く火を通す。あれば、パセリ（ドライ）を散らす。

▶「吃驚仰天」
（京都府・増田德兵衞商店）

にごり酒発祥の蔵として知られる京都の銘醸蔵が造る、瓶内二次発酵の発泡酒。強烈なシュワシュワ感で口の中がすっきり。キンキンに冷やしてどうぞ。

PART 1

5分以内でできる、決定版「すぐ呑み」

トロたく

[材料] 2人分

マグロ（ぶつ切り）
…1パック分（70〜80g）
たくあん ……………… 30g
A しょうゆ … 大さじ2/3
  マヨネーズ … 小さじ1
  わさび ……………… 少々
  ごま ………………… 少々
青じそ ……………………1枚

お好みでプラス＋

のりで巻いても。

1/ マグロを包丁でたたいて細かく切る。たくあんは拍子木切りにする。

2/ ボウルにAを入れてよく混ぜ、1を加えて混ぜ合わせる。皿に青じそを敷き、盛り付ける。

▶「真名鶴　極上純米酒　厳選素材」
（福井県・真名鶴酒造）

魚介類、特に刺し身や生牡蠣に合わせたい一本。ほのかな酸味がキレを促してくれます。五味のバランスが整った、料理を選ばないマルチ酒。

27

PART 1

5分以内でできる、決定版「すぐ呑み」

レタスのタイ風炒め

[材料] 2人分

レタス	1/4個分
オリーブオイル	適量
A ナンプラー	大さじ1
オイスターソース	大さじ1
酒	大さじ1
砂糖	小さじ1

1/ レタスはざく切りにする。

2/ フライパンにオリーブオイルを熱し、レタスを炒める。Aを加え、さらに軽く炒める。

▶「七本鎗 無農薬純米 無有(むう) 火入れ(限定品)」
(滋賀県・冨田酒造)

滋賀県産玉栄(たまさかえ)の無農薬米を使用。冷酒でもいいが、常温またはぬる燗にすると、まろやかさがアップ。同蔵では熟成専用の蔵も併設。

PART 1

5分以内でできる、決定版「すぐ呑み」

5分

みそ de 刺身

[材料] 2人分

刺し身（好みの白身魚）
………… 1パック

A｜みそ ……… 大さじ1
　酢 ……… 大さじ1/2
　水 ……… 大さじ1/2
　にんにく（すりおろし）
　……………………… 少々

B｜九条ねぎ（小口切り）
　……………………… 大さじ3
　ごま油　大さじ1/2
　塩 ………………… 少々
　ごま ……………… 少々

お好みでプラス➕

韓国のりで巻いて食べる
のもおすすめ。

1/　AとBを別々のボウルに入れてよく混ぜる。

2/　皿に好みの刺し身を並べ、AとBを添え、刺し身にのせていただく。

POINT　たれは別々にのせたり、一緒にのせたり自由にお楽しみください。

BEST PEARING

▶「十字旭　純米酒　ひやおろし」
（島根県・旭日酒造）

秋に出荷される季節限定酒で、いちょうの形をしたラベルが目を引く。旨口の酒を得意とする蔵ならではの奥行のある旨味は「さすが」の一言。

PART 1

5分以内でできる、決定版「すぐ呑み」

ハニーチーズ

[材 料] 作りやすい量

はちみつ……… 大さじ1
クリームチーズ……… 40g
ナッツ（種類はお好みで）
……………………… 適量
粗びきこしょう……… 少々

アレンジレシピ

カリッと焼いたバゲットやクラッカーとぴったり。水気をきり、裏ごしした豆腐とクリームチーズで作るのもおすすめ。

1/ クリームチーズを器に入れてヘラで平らに広げる。はちみつをかけ、ローストして刻んだナッツをのせ、粗びきこしょうを振る。

▶「尾瀬の雪どけ　純米大吟醸　ハロウィーン限定酒」
（群馬県・龍神酒造）

ラベルがかわいい季節限定酒。果実のような甘味がはちみつとマッチ。ハロウィーン・パーティに持参したら話題になること請け合い。

PART 1

5分以内でできる、決定版「すぐ呑み」

水きりヨーグルトのカプレーゼ風

[材 料] 作りやすい量

プレーンヨーグルト
・・・・・・・・・・・・・・・・・・ 200g

好みの果物（キウイフルーツ
など）・・・・・・・ 100g（正味）

オリーブオイル ・・・・・・・・ 適量

粗びきこしょう ・・・・・・・ 少々

〈下準備（前日）〉

ボウルの上にざるをのせる。ざるにキッチンペーパーを敷き、プレーンヨーグルトをのせ、一晩置く。

1/ 器に水をきったヨーグルトを入れ、果物をのせてオリーブオイル、粗びきこしょうをかける。

※写真のように、果物の間に水きりヨーグルトを挟んで盛り付けても。

▶「獺祭 純米大吟醸 スパークリング45」
（山口県・旭酒造）

グラスに注いだ瞬間、きめ細かい泡が立つ。甘いだけのスパークリング清酒とは一線を画す、完成度の高い味わい。よく冷やして。白ワインとの相性も◎。

PART 1

5分以内でできる、決定版「すぐ呑み」

たけのことみょうがのナムル

[材料] 2人分

たけのこ（水煮）… 100g
みょうが ……………… 1個
A ┃ 塩 ………………… 少々
  ┃ ごま ……………… 少々
  ┃ 旨味調味料 …… 少々
  ┃ ごま油… 大さじ1/2

1/ たけのこはサッと湯通ししたあと、薄切りにする。みょうがは小口切りにして水にさらし、水気をきる。

2/ ボウルに1とAを入れ、よく混ぜる。

▶「鳴海　純米吟醸　山田錦　直詰め生」
（千葉・東灘（あずまなだ）醸造）

発酵由来の微炭酸が心地よく、気づくとグラスが空になっていることも。季節限定酒で人気商品のため、見かけたらマストバイで。

PART 1

5分以内でできる、決定版「すぐ呑み」

うずらの卵の前菜風

[材料] 2人分

うずらの卵（水煮）… 6個
塩……………………… 少々
粗びきこしょう……… 少々
粉チーズ……………… 適量

お好みでプラス＋

細かく刻んだ塩昆布、ごま塩、黒七味など、いろいろなものをまぶしてみて。

1/ うずらの卵はざるにあけ、水気をきる。

2/ ボウルに塩、粗びきこしょうを入れ、卵の半量を加えてよくまぶす。別のボウルに塩と粉チーズを入れ、残りの卵を加えてよくまぶす。

▶「一ノ蔵　無鑑査本醸造辛口」
（宮城県・一ノ蔵）

すいすい飲めるとは、まさにこういうお酒のこと。温度帯も自由自在。燗をつけると、味の輪郭が締まってさらに飲みやすくなる。一ノ蔵の定番酒。

PART 1

5分以内でできる、決定版「すぐ呑み」

カリカリスパム

[材料] 1人分

スパム（缶・減塩タイプ）
……………… 1/3缶
揚げ油 ……………… 適量

お好みでプラス

のりで巻いて、スイートチリソースやケチャップをつけても。

1/ スパムは好みの形に切り、180度の油で素揚げする。

▶「七田　山廃旨口純米」
（佐賀県・天山酒造）

ほどよい熟成感が味わいに深みをプラス。温めると、常温では隠れていた風味が表れる。揚げ物はもちろん、タイ料理などにも向く。お酒は泡盛でも。

PART 1

5分以内でできる、決定版「すぐ呑み」

ポテサラベーコン巻き

[材料] 2人分

ポテトサラダ（市販）
……………… 80g
薄切りベーコン …… 4枚
サラダ油 …………… 適量
ウスターソース ……… 少々

お好みでプラス＋

粗びきこしょうを振る。

1. ベーコンに4等分したポテトサラダをのせて巻き、つまようじでとめる。
2. フライパンにサラダ油を熱し、ベーコンに軽く焦げ目がつくまで焼く。鍋肌からウスターソースを少々加え、からめる。

▶「みやさか やわらか純米55」
（長野県・宮坂醸造）

12度の低アルコールなのに旨味もノリノリ。静かに広がってゆく旨味、甘味に心酔。日本酒に舌が慣れていないビギナーにもおすすめ。

PART 1

5分以内でできる、決定版「すぐ呑み」

ところてん納豆

[材料] 2人分

ところてん
　………… 小1パック
（150〜170g程度）
納豆（たれ付き）…1パック
きゅうり ………… 1/2本
かつおぶし………… 適量
ごま ……………… 適量

1/ きゅうりは薄い輪切りにして、塩（分量外）を振って軽くもみ、水気を絞る。

2/ ところてんは水気をきってボウルに入れ、納豆と付属のたれを混ぜる。器に盛ってごまを振り、1とかつおぶしをのせる。

▶「文佳人　夏吟醸　おばけラベル」
（高知県・アリサワ酒造）

夏酒という名前にふさわしいスッキリ、そしてキリリッとした味わい。氷を1つ浮かべてロックでも。ラベルを飾るキュートなおばけたちのシール付き。

PART 1

5分以内でできる、決定版「すぐ呑み」

甘しょっぱ栗

[材料] 作りやすい量

甘栗 ……… 小1袋（70g）
ベーコン ……………… 1枚
A | 塩・こしょう …各少々
　| 粉チーズ…… 大さじ1

1/ ベーコンは細切りにし、カリカリになるまでフライパンで焼く。袋に、甘栗とベーコン、Aを入れ、上下に振って味をからませる。

▶「来福 貴醸酒 MELLOW 生酒」
（茨城県・来福酒造）

甘過ぎるイメージがある貴醸酒の観念を覆す一本。フレッシュで上品な甘味に酸味が寄り添った、食中酒として楽しめる味わい。

PART 1

5分以内でできる、決定版「すぐ呑み」

塩辛パクチー

[材料] 2人分

いかの塩辛	適量
パクチー	1束
新玉ねぎ	1/4個
ごま	適量
糸唐辛子	少々

1/ パクチーはざく切り、新玉ねぎはスライサーで薄切りにする。

2/ 1を皿に盛り、いかの塩辛、ごま、糸唐辛子をのせ、食べる直前に混ぜる。

▶「玉川 純米吟醸 Ice Breaker」
(京都府・木下酒造)

イギリス人杜氏のフィリップ・ハーパー氏が醸す季節限定酒。ロックで。氷が解けてゆく過程で変わりゆく味も楽しめる。ペンギンラベルがいかにも涼し気。

PART **2**

10分以内で簡単おいしい！

PART 2

10分以内で簡単おいしい！

谷中生姜の肉巻き

1/ 谷中生姜に豚バラ肉を巻きつける。

2/ フライパンにサラダ油を熱し、1の巻き終わりを下にして、焼き目がつくまで焼く。Aを加えてふたをし、とろみがつくまで加熱する。

[材料] 2人分

谷中生姜……………… 6本
豚バラ肉（薄切り）
　………………… 100g
サラダ油…………… 適量
A ｜ しょうゆ …… 大さじ1
　　｜ みりん……… 大さじ1

お好みでプラス

七味唐辛子や一味唐辛子を振る。

▶「風の森　秋津穂　純米しぼり華」
（奈良県・油長(ゆちょう)酒造）

「風の森」シリーズの定番。蔵がある地元の契約栽培米・秋津穂を全量使用。搾ったまんまのフレッシュ感を堪能できる貴重な一本。

PART 2

10分以内で簡単おいしい！

明太子とれんこんのアヒージョ

1/ れんこんは皮をむいて5mm厚さのいちょう切り、にんにくはみじん切りにする。

2/ フライパンにオリーブオイルをたっぷり注ぎ、1を入れて低温でゆっくり加熱する。

3/ れんこんに火が通ったら薄皮から出した明太子を加え、塩を振って、すぐに火を止める。

[材料] 作りやすい量

明太子	1腹
れんこん	70g
にんにく	1片
オリーブオイル	適量
塩	少々

▶「純米吟醸 富士千歳 クラシック 無濾過生酒」
（京都府・松井酒造）

酒造りがスタートし、最初に造るのがこのお酒。楚々とした香りが秘めやかに立つ。旨味を主役に添えた味のある純米吟醸。麦焼酎のお湯割りにも◎。

PART 2

10分以内で簡単おいしい！

7分

洋風れんこんきんぴら

[材料] 2人分

れんこん … 小1本 (120g)
ベーコン …………… 2枚
オリーブオイル ……… 適量
塩・こしょう ……… 各少々
酒 ……………… 大さじ1
A │ しょうゆ ……… 少々
　│ バルサミコ酢 … 少々

お好みでプラス

こしょうを振っても。

1/ れんこんは薄切りにし、酢水（分量外）にさらす。ベーコンは1cm幅に切る。

2/ フライパンにオリーブオイルを熱し、ベーコンを炒め、脂が出てきたら水気をきったれんこんを加え炒める。塩、こしょうし、酒を加え、ふたをして1分蒸す。鍋肌からAをまわし入れ、軽く炒める。

▶「金鵄正宗　特別純米酒」
（京都府・キンシ正宗）

「ワイングラスでおいしい日本酒アワード2018」で金賞受賞。旨味しっかり、香り控えめ。和食はもちろん、洋食にも難なく合う。

PART 2

10分以内で簡単おいしい！

 7分

じゃがいもの酒盗ガーリックマヨ炒め

[材料] 2人分

じゃがいも …………… 1個
にんにく ……………… 1片
オリーブオイル ……… 適量
A マヨネーズ… 大さじ1
　 酒盗 …… 小さじ1/2

お好みでプラス＋

のりで巻いても。

1/ じゃがいもは皮をむいて一口大に切る。耐熱容器に入れてラップをし、電子レンジで3分加熱する。にんにくはみじん切りにする。

2/ フライパンにオリーブオイルを熱し、にんにくを入れる。香りが出たらAとじゃがいもを加え、さらに炒める。

BEST PEARING

▶「七冠馬　特別純米」
（島根県・簸上清酒）

太めのボディーが酒盗のコクをさらに引き立てる。さまざまなタイプが楽しめる「ザ・セブンシリーズ」も蔵の人気商品。芋焼酎のお湯割りにも。

PART 2

10分以内で簡単おいしい！

厚揚げのごままぶし

[材料] 2人分

厚揚げ ………………… 1枚
しょうゆ ……………… 適量
A　すりごま …… 大さじ3
　　黒七味（なければ七味
　　かさんしょうの粉）
　　………… ひとつまみ

1/ 厚揚げは魚焼きグリルで焦げ目がつくまで焼き、全面をしょうゆに軽くひたし、4等分する。

2/ ボウルにAを入れて混ぜ、1の厚揚げを入れて全体にまぶす。

▶「富久長　純米酒　八反草75」
（広島県・今田酒造本店）

BEST PAIRING

ゆるゆると飲みたいソフトなタッチの味わい。角がない丸みのあるテクスチャーが魅力。和食全般にペアリングしたい。芋焼酎のお湯割りにも。

PART 2

10分以内で簡単おいしい！

厚揚げと豚バラのコクうま炒め

[材料] 2人分

厚揚げ	1/2丁
豚バラ肉	80g
にんにく	1片
しいたけ	2枚
サラダ油	適量
A 酒	大さじ1
しょうゆ	大さじ1/2
オイスターソース	大さじ1/2
コチュジャン	小さじ1
ごま	少々
あさつき（小口切り）	少々

1/ 厚揚げと豚バラ肉は食べやすい大きさに切る。にんにくとしいたけは薄切りにする。

2/ フライパンにサラダ油を熱し、1を炒める。肉に火が通ったらAを合わせたものを加えてさらに炒め、仕上げにごまを振り、あさつきをのせる

▶「豊潤　特別純米　うすにごり」
（大分県・小松酒造場）

瓶内二次発酵による軽い微炭酸が脂をすっきり流し、旨味だけを残してくれる。豚バラ肉、鴨肉など脂の甘味を味わう肉類との相性がバツグン。

PART 2

10分以内で簡単おいしい！

プチソーセージロール

[材料] 2人分

ソーセージ
（パンの幅くらいの長さ）
　　　　　　　　3本

サンドイッチ用のパン
　　　　　　　　3枚

マスタード ………… 適量

バター ……………… 適量

1/ フライパンを熱し、ソーセージを焼く。パンにマスタードを塗り、ソーセージをのせて巻き、ようじでとめる。

2/ フライパンにバターを溶かし、1を転がしながら焦げ目がつくまで焼く。半分に切って皿に盛る。

▶「GOZENSHU 9」
（岡山県・辻本店）

菩提酛ならではの酸味が脂のあるソーセージやベーコンに向く。ぜひワイングラスで。イケメン蔵元で知られる辻さんはギターの名手でもある。

PART 2

10分以内で簡単おいしい！

サバサンド

[材料] 2人分

しめサバ 8切れ
サンドイッチ用のパン
.... 4枚
マヨネーズ .... 適量
スライスチーズ 2枚
きゅうり（斜め薄切り）
.... 8枚

お好みでプラス＋

さんしょうの粉や黒七味をかけても。

1/ サンドイッチ用のパン全てにマヨネーズを薄く塗る。1枚のパンにしめサバ4切れ、スライスチーズ1枚、きゅうり4枚をのせ、もう1枚のパンではさむ。同様に、もう1セットサンドイッチを作る。

2/ トースターで2～3分、焦げ目がつくまで焼く。

POINT パンをしっかり焼けば、サバの生臭みが気にならなくなります。

BEST PEARING

▶「SABA de SHU」（サバデシュ）
（茨城県・吉久保酒造）

サバをおいしく味わうために造った専用日本酒。サバラバーは常備したい！旨味、酸味ともにしっかりあり、サバの脂に合う。赤ワインにも合う。

PART 2
10分以内で簡単おいしい！

白子の卵とじ

[材料] 2人分

白子	100g
溶き卵	2個分
A　水	120cc
めんつゆ（市販）	大さじ1と1/2
みつ葉	適量

※めんつゆの量は好みで加減してください

お好みでプラス

さんしょうの粉を振っても。

1/ 白子は流水で丁寧に洗い、一口大に切る。ボウルに白子、酒少々（分量外）を入れサッとあえておく。

2/ 鍋にAを入れて煮立たせ、白子を加える。火が通ったら、溶き卵を流し入れる。半熟になったら、みつ葉を散らす。

POINT 白子は洗ったあと、酒を振っておくと生臭みが取れる。

▶「日高見　純米　山田錦　魚ラベル」
（宮城県・平孝酒造）

「魚とやるなら日高見だっちゃ!!」がキャッチフレーズ。その通り、魚介類との相性はバツグン。冷蔵庫に常備したい一本。米焼酎のロックにも。

PART 2
10分以内で簡単おいしい！

8分

干し柿とチーズの春巻き

[材料] 作りやすい量

干し柿 …………… 1個
プロセスチーズ …… 30g
春巻きの皮 ……… 2枚
揚げ油 …………… 適量
塩 ………………… 少々

1/ 干し柿は縦に4等分する。プロセスチーズも干し柿の大きさに合わせて4つに切る。

2/ 干し柿とプロセスチーズを2個ずつ横一列に並べて春巻きの皮にのせて巻く。同様にもう1枚、春巻きの皮を巻く。170℃の油でカラッと揚げ、塩を振る。

▶「長期熟成酒原酒 G-OLD」
（千葉県・東薫酒造）

金箔入りのゴージャスなお酒。干し柿とチーズの凝縮した旨味と、重厚感のある味わいのペアリングは驚くほどの完成度。黒ビールにもピッタリ。

PART 2
10分以内で簡単おいしい！

 8分

クレソンのブルスケッタ

[材料] 1人分

クレソン ………………… 1束
オリーブオイル ……… 適量
塩 ………………………… 少々
バゲット（1cm厚さ）…2枚
クリームチーズ
（ソフトタイプ）……20g
パルメザンチーズ（薄切り）
………………………… 適量

1/ クレソンはざく切りにする。
2/ フライパンにオリーブオイルを熱し、クレソンを炒め、塩を振る。
3/ バゲットにクリームチーズを塗って2をのせ、パルメザンチーズを散らす。

BEST PAIRING

▶「東鶴　純米吟醸　芽吹きうすにごり生」
（佐賀県・東鶴酒造）

フレッシュな酸味と甘みが融合。ジューシーな味わいながらもキレが良く、後口スッキリ。よく冷やしてチーズやトマトと合わせたい。赤ワインにも。

PART 2

10分以内で簡単おいしい！

ほたるいかとえりんぎのソテー

[材料] 2人分

ほたるいか	90g
えりんぎ	2本
にんにく	1片
オリーブオイル	適量
赤唐辛子（小口切り）	少々
A　しょうゆ少々	
マヨネーズ…大さじ1/2	
あさつき（小口切り）	少々

お好みでプラス＋

さんしょうの粉やこしょうを。

1/ ほたるいかは目玉を取る。えりんぎはざく切り、にんにくは薄切りにする。

2/ フライパンにオリーブオイルを熱し、にんにく、赤唐辛子を炒める。香りが出たら、えりんぎとほたるいかを加え、さらに炒める。Aを入れて調味し、最後にあさつきを加え、サッと炒める

▶「喜楽長　辛口　純米吟醸」
（滋賀県・喜多酒造）

旨味をしっかりと残した味わい深い辛口酒。魚介類はもちろん、脂をたたえた霜降り牛肉にも合う。後を引くおいしさ。ビール、ハイボールにも。

PART 2

10分以内で簡単おいしい！

えのポン肉巻き

[材 料] 2人分

えのきたけ	1/2束
ポン酢	適量
牛肉（薄切り）	100g
塩	少々
こしょう	少々
サラダ油	適量

お好みでプラス ➕

黒七味や一味唐辛子を振る。

1/ えのきたけは根元を切り、小房に分ける。牛肉にえのきたけをのせて巻き、塩、こしょうを振る。

2/ フライパンにサラダ油を熱し、1の巻き終わりを下にして焼く。全体に焼き目がついたらポン酢をかける。

▶「越乃寒梅　純米吟醸　灑(れい)」
（新潟県・石本酒造）

「越乃寒梅」で知られる石本酒造プレゼンツ。料理を引き立てるわきまえを知るお酒。スーッとのどを通るなめらかなテクスチャー。白ワインもOK。

PART 2

10分以内で簡単おいしい！

たけのことあさりの酒蒸し

[材料] 作りやすい量

たけのこ（水煮）… 120g
あさり …………… 180g
にんにく ………… 1片
オリーブオイル …… 適量
赤唐辛子（小口切り）…少々
A｜酒 …………… 90cc
　｜塩 …………… 少々

〈下準備（前日）〉
あさりは塩水を入れた水に入れ、砂を吐かせておく。

1／ たけのこはざく切りに、にんにくは薄切りにする。

2／ フライパンにオリーブオイルを熱し、にんにくと赤唐辛子を炒める。香りが出たらたけのこ、あさりを入れ、Aを加えてふたをし、あさりの口が開いたら完成。あれば、さんしょうの葉を散らす。

▶ 「聚楽第　純米大吟醸」
（京都府・佐々木酒造）

京都の酒らしいはんなりとした甘味。華々し過ぎない控えめな果実味が好印象。蔵は俳優・佐々木蔵之介さんの実家としても知られる。

PART 2
10分以内で簡単おいしい！

8分

ハニーマスタードベーコン

[材料] 作りやすい量

はちみつ ………… 大さじ1
マスタード ……… 小さじ1
厚切りベーコン … 130g
※薄切りベーコンでもOK
こしょう ………………… 少々

1/ 厚切りベーコンは適当な大きさに切る。
2/ 小皿にはちみつ、マスタードを入れて混ぜ、ベーコンの両面に塗る。魚焼きグリルで焦げ目がつくまで焼き、こしょうを振る。

BEST PEARING

▶「腰古井　純米酒」
（千葉県・吉野酒造）

米感をたっぷりとたたえる。軽快な酸味がアクセントとなり、飲みやすさを助長。常温から燗酒まで幅広い温度帯で楽しめる。

PART 2
10分以内で簡単おいしい！

8分

きゅうりの豚バラ巻き

[材料] 2人分

きゅうり ………… 1本
豚バラ肉（薄切り）
 ………… 4枚（80g）
塩・こしょう …… 各少々
サラダ油 ………… 適量
酒 ………………… 適量

アレンジレシピ

塩・こしょうをしょうゆ、みりんにして焼くと、照り焼き風に。

1/ きゅうりを縦半分に切り、豚バラ肉を巻き付け、塩、こしょうを振る。

2/ フライパンにサラダ油を熱し、1を焦げ目がつくまで焼く。酒をまわしかけ、ふたをして1～2分蒸し、一口サイズに切る。

BEST PEARING

▶「純米吟醸 花洛（からく）」
（京都府・招徳（しょうとく）酒造）

京都らしいほんのりした甘味が、焼いたきゅうりの甘さにマッチ。お酒造りを一手に任されている大塚さんは、伏見初の女性杜氏。

PART 2

10分以内で簡単おいしい！

たぬき豆腐

[材 料] 2人分

天かす（市販）… 大さじ2
豆腐 ………………… 1/2丁
長ねぎ ……………… 5cm
めんつゆ …………… 適量
かつおぶし………… 少々
あさつき（小口切り）
　………………… 少々

お好みでプラス

食べる直前におろし生姜をたっぷり入れると、体が芯から温まります。

1/　豆腐は一口大、長ねぎは斜め薄切りにする。
2/　鍋に、好みの濃さに希釈しためんつゆを入れて火にかける。ひと煮立ちしたら1、天かすを加え、かつおぶし、あさつきをのせる。

▶「紀土（きっど）　純米酒」
（和歌山県・平和酒造）

穏やかな味が豆腐にマッチ。香り控えめで、主張し過ぎない旨味が心地いい。おでんやうどんすきなど、だしが命の料理にも合わせたい。

PART 2

10分以内で簡単おいしい！

豆腐のなめろう

[材料] 2人分

豆腐 ……… 1/3丁（100g）
長ねぎ ……………… 5cm
生姜 ………………… 1片
納豆 ……………… 1パック
クリームチーズ……… 20g
しょうゆ … 大さじ1と1/2

〈下準備（前日）〉
豆腐はキッチンペーパーに包み、電子レンジで3分加熱し水気をきる。

お好みでプラス ✚

青じそや味付けのりで巻いても。

1/ 長ねぎは小口切り、生姜はみじん切りにする。
2/ 1と豆腐、納豆、クリームチーズすべてを包丁でたたく。しょうゆを加え、さらにたたく。

BEST PEARING

▶「天吹 超辛口特別純米 火入れ」
（佐賀県・天吹酒造）

日本酒ツウからも愛される蔵で売上ナンバー1のお酒。単なるスッキリ系の辛口ではなく、旨味もしっかりのったふくよかな味わい。

PART 2

10分以内で簡単おいしい！

さんざく

[材料] 作りやすい量

さんま蒲焼き（缶）… 1缶
きゅうり ………… 1/3本
塩 ……………… 少々
みょうが ………… 1個
錦糸卵 …………… 適量
A｜さんしょうの粉 少々
　｜酢 ……… 大さじ1/2

1/ さんまは一口大に切り、汁は取っておく。きゅうりは薄い輪切りにして塩でもむ。みょうがは小口切りにして水にさらし、水気をきっておく。

2/ 錦糸卵を作る。ボウルに卵を割り入れ、塩少々（分量外）を加え混ぜる。サラダ油（分量外）を熱したフライパンに薄く流し入れ、両面焼く。重ねて折り畳み、細切りにする。

3/ ボウルに1と錦糸卵、Aを入れて混ぜる。

▶「純米酒 七福神」
（岩手県・菊の司酒造）

ふくよかな甘味が、たれの甘味と共鳴し合う。酵母や麹菌など原材料はオール岩手の「ザ・地酒」。温度帯も幅広く楽しめる。芋、麦焼酎にも◎。

PART 2

10分以内で簡単おいしい！

8分

天たま

[材料] 作りやすい量

天かす（市販）… 大さじ3
卵 …………………… 3個
切り干し大根 ……… 20g
青のり ……………… 適量
A │ 白だし ……… 大さじ1
　│ みりん ……… 大さじ1
　│ 水 …………… 大さじ1
サラダ油 …………… 適量

〈下準備（当日）〉
切り干し大根は水で戻しておく。

1/ 切り干し大根は水気をよく絞り、ざく切りに。ボウルに入れ、天かす、卵、青のり、Aを加えてよく混ぜる。

2/ フライパンに油を熱し、だし巻き卵の要領で焼く。

BEST PEARING

▶「山猿　純米吟醸　山廃仕込」
（山口県・永山酒造）

山口県産の酒造好適米・穀良都(こくりょうみやこ)を使用。山廃を得意とする蔵で、旨味をしっかりとのせた味わい深い一本。冷酒はもちろん、燗酒もオススメ。

61

PART 2

10分以内で簡単おいしい！

車麩の照り煮
（くるまぶ）

⏱ 8分

[材料] 2人分

車麩 …………… 2枚
A｜ だし ………… 1カップ
　｜ しょうゆ …… 大さじ2
　｜ 酒 …………… 大さじ2
　｜ みりん ……… 大さじ2
　｜ 砂糖 ………… 大さじ1

〈下準備（当日）〉
車麩を水で戻しておく。

お好みでプラス ➕

溶き卵をつけながらいただく。

1/ 車麩の水気を絞る。鍋にAと車麩を入れ、汁気がなくなるまで煮る。

2/ 食べやすい大きさに切り、皿に盛る。

BEST PEARING

▶「梅乃宿　吟醸燗酒」
（奈良県・梅乃宿酒造）

長期熟成酒をベースに、考え抜いてブレンドした燗に向くお酒。幾重にも重なる旨味が口に広がったあと、バツグンのキレで味がまとまる。

PART 2
10分以内で簡単おいしい！
10分

れんこんチーズせんべい

[材料] 2人分

れんこん ……………… 60g
ピザ用チーズ ……… 適量
オリーブオイル ……… 適量
塩 …………………… 少々

1/ れんこんは皮をむき、薄い輪切りにし、酢水（分量外）にさらす。フライパンにオリーブオイルを熱し、水気をきったれんこんをサッと炒める。

2/ 1をフライパンに薄く並べ、ピザ用チーズをたっぷり全体に広げる。カリッっと焼けたらひっくり返し、両面カリッと焼けたら取り出す。キッチンペーパーで油を取り、塩を振る。

BEST PEARING

▶「いづみ橋 生酛 黒とんぼ」
（神奈川県・泉橋酒造）

神奈川県産の山田錦を全量使用。蔵で2年以上寝かせただけに、口当たりもシルキーでなめらか。冷酒でも燗酒でも楽しめる。お酒は赤ワインでも。

PART 2

10分以内で簡単おいしい！

トマトのチーズ焼き

1/ トマトは1cm厚さに切り、にんにくはみじん切りにする。

2/ 耐熱容器にトマトを並べる。塩・こしょうを振り、にんにく、溶けるチーズ、粉チーズを散らす。

3/ 2にオリーブオイルをかけ、オーブントースターで8～10分、表面に焦げ目がつくまで焼く。最後にパセリを散らす。

[材料] 作りやすい量

トマト	小5個
溶けるチーズ	適量
粉チーズ	適量
にんにく	1片
塩・こしょう	各少々
オリーブオイル	適量
パセリ（ドライ）	適量

お好みでプラス

ブルーチーズを少し加えても。

▶「浜娘　純米搾りたて生」
（岩手県・赤武酒造）

季節限定酒。豊かな旨味の中に、生ならではのフレッシュ感が瓶の中にギュッと凝縮。ほんのり感じる酸味がトマトと共鳴し合う。

PART 2

10分以内で簡単おいしい！

チーズチリポテト

[材料] 2人分

クリームチーズ……… 適量
スイートチリソース… 適量
冷凍ポテト………… 130g
揚げ油 …………… 適量
塩・こしょう ………各少々

お好みでプラス

クリームチーズはたっぷりと！ 辛党は仕上げにチリパウダーを振っても。

1/ 冷凍ポテトは180度の油でカリッと揚げ、塩、こしょうを振る。クリームチーズ、スイートチリソースをスプーンですくい、お好みの量盛る。

▶「信濃鶴　純米無濾過生酒　しぼりたて」
（長野県・長生社）

原材料由来の穏やかな香りが立つ。ベースは甘味。酸味でうまく下支えすることで、バランスを取る。しっかり冷やして。日本酒のほか、ビールもピッタリ。

PART 2

10分以内で簡単おいしい！

ソムタムもどき

[材料] 作りやすい量

切り干し大根 ……… 20g
グリーンアスパラ … 2本
にんじん ………… 小1/3本
A | ナンプラー … 大さじ1
　| すし酢 ……… 大さじ2
　| 塩・こしょう …各少々
　| 一味唐辛子 …… 少々

〈下準備（当日）〉
切り干し大根は水で戻しておく。

1/ 切り干し大根は水をよく絞る。グリーンアスパラは下ゆでして斜め切りに、にんじんはせん切りにする。

2/ ボウルに1を入れ、Aを加え、混ぜ合わせる。

POINT 一味唐辛子は、リピーター続出の京都の「最強一味 皇（すめら）」（P151参照）で。本場タイに負けない辛さが杯をすすめます。

▶「鳴門鯛 純米超辛口」
（徳島県・本家松浦酒造）

たっぷりの旨味から、のどを通ったあと、瞬時に辛味に変わる様が見事。ピリッとした唐辛子の辛さがきいた料理に最適。ビールにも。

67

PART 2

10分以内で簡単おいしい！

アボカドのレンチン蒸し

[材料] 2人分

アボカド	1個
フライドにんにく（市販）	少々
糸唐辛子	少々
A 酢	大さじ1/2
しょうゆ	大さじ1
ラー油	少々

お好みでプラス

たれは、わさびじょうゆやからしじょうゆにしても。

1/ アボカドは縦半分に切り、種を取って皮をむき、一口大に切る。耐熱容器に並べてラップをかけ、電子レンジで1分半加熱し、そのまま3分冷ます。

2/ フライドにんにくと糸唐辛子をのせ、Aをかける。

▶「南部美人　特別純米酒」
（岩手県・南部美人）

「IWC2017　チャンピオン・サケ」に輝き世界で認められた、蔵の定番酒。ふくらみのある味わいと幅広い温度帯で楽しめるのがいい。

PART 2

10分以内で簡単おいしい！

アボカドエッグ

[材料] 2人分
※写真は1人分

アボカド	1個
卵黄	2個分
A 粉チーズ	適量
塩	少々
マヨネーズ	少々
粗びきこしょう	少々

1/ アボカドは縦半分に切り、種を取る。くぼんだところに卵黄を落とし、Aをかける。

2/ オーブントースターで6〜8分焼き、マヨネーズをのせ、粗びきこしょうを振る。

▶「東の麓　純米吟醸酒　つや姫なんどでも」
（山形県・東の麓酒造）

山形県産米の「つや姫」を使用。銘柄の「なんどでも」は「何度でも」にかけた言葉。その通りどんな温度帯でもOKだが、一番のおすすめはぬる燗。

BEST PEARING

PART 2

10分以内で簡単おいしい！

油揚げの香味サラダ

[材 料] 作りやすい量

油揚げ	1枚
みょうが	1個
生姜	大1片
青じそ	5枚
玉ねぎ	小1/3個
ちりめんじゃこ	大さじ1
A ごま油	小さじ1/2
ポン酢	大さじ1と1/2
ごま	大さじ1/2

1/ 油揚げは魚焼きグリルでカリッと焼き、短冊切りにする。みょうがは小口切り、生姜と青じそはせん切り、玉ねぎは薄切りにして水にさらし、水気を絞る。

2/ ボウルに1、ちりめんじゃこを入れ、Aを加え混ぜる。

▶「澤乃花 花ごころ 本醸造」
（長野県・伴野酒造）

ほどよい旨味で、舌になじむ優しい味は、シンプルな料理にぴったり。同蔵の「Beau Michell（ボーミッシェル）」は「酒-1グランプリ」での優勝酒。

PART 2

10分以内で簡単おいしい！

桜ポテト

[材料] 2人分

じゃがいも ………… 1個
桜の塩漬け ……… 少々
あさつき（みじん切り）
　………………… 少々
マヨネーズ…大さじ1と1/2

1/ じゃがいもは皮をむいて一口大に切る。耐熱容器に入れてラップをし、電子レンジで3分加熱し、粗くつぶす。桜の塩漬けは軽く塩抜きして水気をきり、粗く刻む。

2/ 1とあさつき、マヨネーズをボウルに入れてよく混ぜ合わせる。

▶「SAKURA ROCK（さくらロック）」
（福井県・田嶋酒造）

「天然吟香酵母さくら」を用いて醸した珍しい一本。アルコール度数は19度。ロックで飲むと、より飲みやすくなる。お花見の季節にぜひ飲んで欲しい。

PART 2

10分以内で簡単おいしい！

いかり豆

[材 料] 作りやすい量

そら豆 ……………… 80g
揚げ油 ……………… 適量
塩 ………………… 少々

お好みプラス

さんしょうの粉やこしょう、粉チーズを振る。

1/ そら豆はさやから出し、薄皮に切り目を入れる。

2/ 低温（160〜165度）に熱した油で、色がつくまで揚げる。熱いうちに塩を振る。

BEST PAIRING

▶「陸奥八仙　特別純米酒」
（青森県・駒井酒造）

蔵の定番酒。ファーストインプレッションはフルーティだが、甘ったるくなく、後キレも爽やか。シンプルなつまみを合わせたい。白ワインにも。

PART 2

10分以内で簡単おいしい！

トマトと卵のふわっと炒め

[材料] 2人分

トマト	小2個
卵	2個
塩・こしょう	各少々
オリーブオイル	適量

A
- めんつゆ　大さじ1
- 酒　大さじ1
- マヨネーズ　小さじ1
- オイスターソース　小さじ1

あさつき（小口切り）… 少々

1/ トマトはくし形切りにする。ボウルに卵を割りほぐし、塩、こしょうを振る。

2/ フライパンにオリーブオイルを熱し、トマトをしんなりするまで炒め、混ぜておいたAを加える。最後に卵を加え、ふわっと混ぜ、あさつきを散らす。

▶「金婚　本醸造酒」
（東京都・豊島屋本店）

たおやかでクセのないデイリー酒。膝をつき合わせて、ゆっくり飲みたいときに。たたみいわし、みりん干しなどとカジュアルに。「屋守」でも人気の蔵。

PART 2

10分以内で簡単おいしい！

おつまみ茶わん蒸し

[材料] 2人分

溶き卵 …………… 1個分
白だし（市販）… 大さじ1
水 ……………… 180cc
オリーブオイル …… 適量
塩・こしょう ……… 各少々

〈下準備（前日or当日）〉

鍋に白だし、水を入れてひと煮立ちさせて冷ましておく。

1/ 冷ましただしに、溶き卵を少しずつ混ぜ、こしたあとに耐熱容器に入れる。

2/ 1にふんわりとラップをして、電子レンジで4〜5分加熱する。仕上げにオリーブオイル、塩、こしょうをかける。

▶「純米吟醸酒 月弓（げっきゅう） かほり」
（福島県・名倉山酒造）

決してでしゃばることがない「優しい甘味」が蔵の身上。甘味と酸味のバランスに富むお酒。ほのかな果実味が上品。

PART 2

10分以内で簡単おいしい！

えびのカレー風味揚げ

[材料] 2人分

えび	8尾
塩	少々
酒	少々
A 片栗粉	大さじ2
カレー粉	小さじ1

お好みでプラス

スイートチリソースを添える。

1/ えびは殻、背ワタを取り、塩と酒を振る。

2/ ボウルにAを入れてよく混ぜる。水気をきったえびを入れ、粉をまぶす。

3/ 180度に熱したサラダ油でカラッと揚げ、熱々のうちに軽く塩（分量外）を振る。

▶「六歌仙 五段仕込み純米酒」
（山形県・六歌仙）

日本酒は基本的に三段仕込み。仕込みの回数を増やすことで甘味をプラス。ソフトな甘味がカレーの風味を引き立ててくれる。

PART 2

10分以内で簡単おいしい！

えび玉トースト

[材 料] 2人分

えび	2尾
玉ねぎ	1/6個（30g）
塩	少々
酒	少々
塩・こしょう	各少々
バゲット	2枚
パセリ（ドライ）	少々

1/ えびの殻と背ワタを取り、塩と酒を振り、電子レンジで20秒加熱する。

2/ 玉ねぎはみじん切りにし、フライパンで透き通るまで炒め、塩、こしょうを振る。

3/ バゲットに2、1の順に乗せ、オーブントースターで2〜3分焼く。仕上げにパセリを振る。

BEST PEARING

▶「鶴齢　特別純米　越淡麗55%　無濾過生原酒」
（新潟県・青木酒造）

豊かな米の旨味が玉ねぎの甘さと好相性。蔵にはカフェ「OHGIYA CAFE」も併設。仕込み水に使われる水でいれたコーヒーも絶品。

PART 2

10分以内で簡単おいしい！

牡蠣とクレソンのバター炒め

[材料] 作りやすい量

牡蠣	10個（180g）
塩	少々
片栗粉	少々
小麦粉	適量
クレソン	1束
バター	10g
オリーブオイル	少々
にんにく（みじん切り）	1片
A 酒	大さじ1
しょうゆ	少々
粗びきこしょう	少々

1/ 牡蠣は塩と片栗粉を振って水洗いし、水気をきって小麦粉をまぶす。クレソンはざく切りにする。

2/ フライパンでバターとオリーブオイルを熱し、にんにく、牡蠣を炒める。Aを加えてからめ、牡蠣を取り出す。

3/ フライパンに残った汁に、クレソンを入れて炒める。2の牡蠣とクレソンを皿に盛り、粗びきこしょうを振る。

▶「五橋　木桶造り　生酛　純米酒」
（山口県・酒井酒造）

木桶造りらしいマイルドな味。こっくりとした米の旨味が秀逸。ぬるめの燗をつけると牡蠣のミルキーな味わいにピタッとマッチ。

PART 2

10分以内で簡単おいしい！

牡蠣の揚げ出し

[材料] 2人分

牡蠣	6粒
塩	少々
片栗粉	少々
小麦粉	適量
揚げ油	適量
めんつゆ	適量
大根おろし	少々
青じそ	2枚
あさつき（小口切り）	少々

1/ 牡蠣は塩と片栗粉を振って水洗いし、水気をきって小麦粉をまぶす。

2/ 1を170度の油で揚げる。

3/ 好みの濃さに希釈しためんつゆを温め、大根おろしを入れてよく混ぜる。器に青じそを敷いて牡蠣とつゆを入れ、あさつきを散らす。

▶「奈良萬 純米酒」
（福島県・夢心酒造）

BEST PEARING

穏やかな旨味が牡蠣のおいしさを包む。「鍋に合う燗酒」としても知られる一本。ちょっとぬるめの燗で時間をかけて飲みたい。

PART 2
10分以内で簡単おいしい！

スタミナ肉吸い

[材料] 2人分

豚ロース肉（薄切り）
　……… 4枚（80g）
にら ……………… 1/2束
長ねぎ …………… 1/3本
にんにく ………… 1片
めんつゆ ………… 適量
卵 ………………… 1個
あさつき ………… 少々

1/ にらはざく切り、長ねぎは斜めに切る。にんにくは薄切りにする。

2/ 鍋に好みの濃さに希釈しためんつゆと1を入れ、ひと煮立ちさせる。卵を割り入れ、豚ロース肉を加える。火が通ったら器に入れ、あさつきをのせる。

▶「美丈夫　燗映えの酒」
（高知県・浜川商店）

やわらかな酸味が豚肉の脂をきれいに流し、肉本来の甘味を引き立てる。とんとろの塩焼き、鶏もも肉のソテーなどにも合う。

PART 2

10分以内で簡単おいしい！

牛肉とルッコラの炒め物

[材料] 2人分

牛肉（もも薄切り）… 120g
ルッコラ ………………… 2袋
A オリーブオイル
　　　　　　…… 大さじ1
　酒 ………………… 少々
　塩 ………………… 少々
　にんにく（すりおろし）
　　　　　　………… 少々
塩 …………………… 少々
しょうゆ …………… 少々
バルサミコ酢 … 大さじ2/3

1/ ボウルにAを入れてよく混ぜ合わせ、一口大に切った牛肉を漬ける。ルッコラはざく切りにする。

2/ フライパンを熱して1の牛肉を炒める。色が変わったらルッコラを加えて炒め、塩、しょうゆ、バルサミコ酢で味を調える。あれば、レモンのくし形切りを添える。

▶「モダン仙禽　雄町　無濾過生原酒」
（栃木県・せんきん）

「せんきん」ならではの独特な甘酸っぱさが全面に。イタリアのソムリエたちも大絶賛するお酒。やや高めの酸が油をきれいに流す。

PART 2
10分以内で簡単おいしい！

牛肉とトマトのすき焼き風

[材料] 2人分

牛バラ肉	150g
トマト	1個
玉ねぎ	1/3個
サラダ油	少々
すき焼きのたれ（市販）	適量
卵黄	1個分

＊牛脂があればサラダ油の代わりに使うとなおよし。

お好みでプラス

あさつきの小口切りを散らす。さんしょうの粉を振っても。

1/ 牛バラ肉は一口大に切る。トマトと玉ねぎはくし形切りにする。

2/ 小鍋にサラダ油を熱し、玉ねぎ、トマトを炒める。しんなりしてきたら牛バラ肉を加え、すき焼きのたれをたっぷりまわしかける。皿に盛り、中央に卵黄を落とす。

▶「南 特別純米酒」
（高知県・南酒造場）

適度な酸味が、トマトの酸味とよく合う。肉はもちろん、かつおやマグロといった赤身の魚にも。ややぬるめの燗酒でじっくりといただきたい。

PART 2

10分以内で簡単おいしい！

ごぼうと牛肉のサッと炒め

[材料] 作りやすい量

ごぼう	1本
牛肉の大和煮（缶）	1缶（60g）
生姜	小1片
ごま油	適量
A しょうゆ	大さじ1/2
酒	大さじ1
ごま	少々

お好みでプラス

さんしょうの粉や七味唐辛子を振る。

1/ ごぼうはささがきにし、水に放してアクをとる。生姜はせん切りにする。

2/ フライパンにごま油を熱し、1を炒める。ほぐした牛肉の大和煮とAを加えさらに炒める。

▶「大山　燗麗辛口」
（山形県・加藤嘉八郎酒造）

「燗酒コンテスト2015お値打ち燗酒熱燗部門」で最高金賞を受賞。名前もまたユニーク。さらりとした口当たりでいながら、旨味もしっかり感じさせてくれる。

PART 2

10分以内で簡単おいしい！

ガーリックシュリンプ

[材料] 2人分
※写真は約1人分

にんにく	1片
えび	8尾
A 酒	大さじ1
塩	少々
オリーブオイル	適量
赤唐辛子（小口切り）	2本
塩・こしょう	各少々
バター	1片（10g）
レモン（いちょう切り）	適量
パセリ（みじん切り）	少々

〈下準備〉
えびは背ワタを取ってボウルに入れ、Aを振っておく。

1/ にんにくは薄切りにする。

2/ フライパンにオリーブオイルを熱し、にんにく、赤唐辛子を入れ、香りが出たら水気をきったえびを炒める。塩、こしょうを振り、バターとレモンを加え、パセリを散らす。

3/ 食べる直前にレモンを搾る。

▶「七賢　スパークリング日本酒　星ノ輝」
（山梨県・山梨銘醸）

甘いスパークリング清酒が多い中、独自の手法でドライでスッキリとした味を確立。オリーブオイルを使った料理に。スパークリングワインと合わせても。

PART 2
10分以内で簡単おいしい！

かっぱチヂミ

[材料] 作りやすい量

かっぱえびせん …… 30g
にら …………… 1/3束
A 赤唐辛子（小口切り）
　　………… 1本分
　小麦粉……… 大さじ3
　片栗粉……… 大さじ2
　水 …………… 130cc
ごま油 ……………… 適量
お好みのたれ（ラー油、コチュジャンを加えた酢じょうゆ、ポン酢など） 適量

1/ かっぱえびせんは麺棒などで細かく砕く。にらは3cm長さに切る。
2/ ボウルに1とAを入れてよく混ぜ、少々おく。
3/ フライパンにごま油を熱し、2の生地を焦げ目がつくまで両面焼き、一口大に切る。

▶「貴 特別純米」
（山口県・永山本家酒造場）

「貴」シリーズの定番酒。アクセントとなるほのかな苦味と、キリッとした潔いキレが魅力。蔵元の永山さんのあだ名は「ゴリさん」。

PART 2

10分以内で簡単おいしい！

しらたきのチャプチェ風

[材 料] 作りやすい量

しらたき … 1袋（200g）
豚バラ肉 ………… 100g
にら ………………… 1/2束
玉ねぎ …………… 1/2個
にんじん ………… 1/3本
にんにく ………… 1片
ごま油 …………… 少々
A│しょうゆ …… 大さじ1
　│砂糖 ………… 小さじ1
　│酒 …………… 大さじ1
　│コチュジャン 小さじ2

1/ 豚バラ肉は一口大に切る。にらはざく切り、玉ねぎはくし形切り、にんじんはせん切り、にんにくは薄切りにする。

2/ フライパンを熱し、しらたきをから煎りする。ごま油を加え、1を炒める。全体に火が通ったら、Aを加え炒める。

POINT　しらたきはから煎りすることで独特の臭みが抜け、味が染みやすくなります。

▶「朝日鷹　特選本醸造　低温貯蔵酒」
（山形県・高木酒造）

「十四代」を醸す高木酒造の原点ともいえる一本。コチュジャンの甘味と、酒がもつ甘味がマッチ。料理に寄り添ってくれる万能酒。

PART 2

10分以内で簡単おいしい！

サバのマリネ焼き

[材料] 1人分

サバ	1切れ
A オリーブオイル	大さじ1
酢	大さじ1
塩・こしょう	少々
オリーブオイル	適量
にんにく	1片
粗びきこしょう	適量

〈下準備（前日）〉
ボウルにサバとAを入れ、冷蔵庫で1時間以上寝かす。

1/ にんにくは薄切りにする。

2/ フライパンにオリーブオイルを熱し、にんにくを炒め、香りが出たら寝かせたサバを両面焼く。皿に盛り、粗びきこしょうを振る。

▶「ひこ孫　純米清酒」
（埼玉県・神亀酒造）

サバやウナギなど脂ののった魚と好相性。照り焼きソースにもバツグンに合う。燗をつけるとキリッとしたキレを楽しめる。スパークリングワインにも。

PART 2

10分以内で簡単おいしい！

柿の白あえ

10分

[材料] 作りやすい量

柿 …………………… 1個
豆腐 ………………… 100g
クリームチーズ……… 40g
ごまドレッシング…大さじ3

〈下準備（当日）〉
豆腐はキッチンペーパーに包み、電子レンジで3分加熱して水をきる。

お好みでプラス +

いくらを添えても。

1/ 柿は皮をむいて種を取り、一口大に切る
2/ ボウルに豆腐、クリームチーズ、ごまドレッシングを入れ、よく混ぜる。柿を加えてさらに混ぜる。

POINT 冷蔵庫で冷やすと、さらにおいしくいただけます。

BEST PEARING

▶「よこやま　純米吟醸　SILVER 189 生」
（長崎県・重家(おもや)酒造）

復活した壱岐の日本酒。最新の設備を備えた蔵で、緻密(ちみつ)な酒造りを行う。飲んだ瞬間、果実感で口がいっぱいに。白ワインにも。

PART 2
10分以内で簡単おいしい！

パインのバター焼き

[材料] 作りやすい量

パイナップル（カット済み）
　……… 4切れ（60g）
バター ……………… 10g
サンドイッチ用のパン
　……………………… 1枚
クリームチーズ……… 20g
はちみつ …………… 少々
黒こしょう ………… 少々

アレンジレシピ
バナナで作ってもおいしいですよ。

1. フライパンにバターを熱し、パイナップルに焦げ目がつくまで焼く。
2. サンドイッチ用のパンを好みのサイズに切ってトーストし、クリームチーズを塗って1を載せる。はちみつ、黒こしょうをかける。

BEST PEARING

▶「高清水　加温熟成解脱酒」
（秋田県・秋田酒類製造）

独自の加温熟成技術で、澱を発生させ濾過。軽やかな熟成感とやや高めの酸が調和した飲みごたえのある一本。琥珀色の見た目も美しい。

PART **3**

15分以内で本格つまみ

PART 3
15分以内で本格つまみ

オムコロ

1. コロッケは1cm角に切る。きゅうりはせん切りにする。
2. ボウルに卵を割り入れてよくほぐし、1を入れ、塩、こしょうを振り、よく混ぜる。
3. フライパンにオリーブオイルを熱し、2を流し入れ、オムレツの形に整える。皿に盛り、好みのソースを添える。

[材料] 2人分

卵	大2個
コロッケ（市販）	1個
きゅうり	1/3本
塩・こしょう	各少々
オリーブオイル	適量
お好みのソース（ケチャップやマヨネーズなど）	適量

＊卵の量はコロッケの大きさに合わせて調整を。

▶「るみ子の酒 山廃純米吟醸 五年熟成」
（三重県・森喜酒造場）

「円熟した」というのは、まさにこのお酒のこと。マヨネーズ、ケチャップなど洋の調味料ともマッチ。油を使用する揚げ物には、ぜひ燗酒で。

PART 3

15分以内で本格つまみ

新生姜ときゅうりのギョーザ

1. 新生姜ときゅうりは2cm長さのせん切りし、塩もみする。
2. ボウルに水気を絞った1、ザーサイ、Aを入れてよく混ぜる。具を20等分しギョーザの皮で包む。

3. フライパンでサラダ油を熱し、2をカリッと焼く。器に盛り、ポン酢でいただく。

[材料] 作りやすい量
※写真は約1人分

新生姜	大1片（90g）
きゅうり	2本
塩	少々
ザーサイ（みじん切り）	50g
A　ごま油	大さじ1/2
ごま	大さじ1/2
塩	少々
ギョーザの皮（大判）	20枚
サラダ油	適量
ポン酢（or酢じょうゆ）	適量

※具が余ったら冷や奴に乗せたり、チャーハンに加えても。

▶「英勲　純米吟醸　古都千年」
（京都府・齊藤酒造）

「ワイングラスでおいしい日本酒アワード2019」のプレミアム純米部門で最高金賞受賞。キリッとした口当たり。新生姜の風味が際立つ。

PART 3
15分以内で本格つまみ

12分

チーちく焼き

[材 料] 2人分

ちくわ ……… 1本（90g）
A｜かつおぶし…小1パック
　｜マヨネーズ……大さじ1
　｜しょうゆ ………… 少々
溶けるチーズ………… 適量
白ごま ………………… 少々

お好みでプラス

一味唐辛子やたくあんの細切りを散らす。

1/ ちくわは斜め薄切りにし、Aであえる。
2/ 耐熱皿に入れて溶けるチーズをかけ、オーブントースターで6～8分焼き、ごまを振る。

BEST PEARING

▶「白隠正宗　純米酒　生酛　誉富士」
（静岡県・高嶋酒造）

静岡産の米・誉富士を使用。どっしりと構えた旨味はインパクト大。燗酒にすると固さがほぐれ、やわらかくなり、一層飲みやすくなる。

PART 3
15分以内で本格つまみ

12分

キムチの豆腐グラタン

[材 料] 2人分

キムチ …………… 80g
豆腐 ……………… 1丁
長ねぎ（小口切り）…5cm分
マヨネーズ ……… 大さじ2
溶けるチーズ……… 適量

お好みでプラス＋

パセリ（ドライorみじん切り）を振る。
※ドライパセリを常備しておくと便利。

1/ 豆腐はキッチンペーパーに包んで軽く水気をきり、8等分に切る。

2/ キムチはざく切りにしてボウルに入れ、長ねぎとマヨネーズを加えてよく混ぜる。

3/ 耐熱皿に1を並べて2と溶けるチーズをのせ、オーブントースターで7分くらい、表面に焦げ目がつくまで焼く。

▶「繫桝（しげます） 特別純米酒 雄町」
（福岡県・高橋商店）

軽やかなコクとうまみがバランスよく調和。酸味と辛味の合わせ技によるキレで、後口をスッキリさせる。コストパフォーマンス◎。ビールにも。

PART 3
15分以内で本格つまみ

ゴーヤとツナのサラダ

[材料] 2人分

ゴーヤ …………… 小1本
ツナ缶(ノンオイルタイプ)
　………… 1缶(70g)
塩 ………………… 少々
A | マヨネーズ
　 　……… 大さじ2〜3
　 酢 ………… 大さじ1
　 塩・こしょう …各少々
　 すりごま …… 大さじ1

1/ ゴーヤは縦半分に切り、種とワタを取って薄切りにする。塩を振り、10分おいたらサッとゆでて水気を絞る。

2/ ボウルに1、汁気を切ったツナ、Aを入れてよく混ぜる。

▶「残草蓬莱(ざるそうほうらい)　純米吟醸　若水60　槽場(ふなば)直詰生原酒」
(神奈川県・大矢孝酒造)

フレッシュさを残した爽やかな吟醸香をもつ酒。アクセント的にあるほのかな苦味がゴーヤの苦味とマッチ。冷やしてどうぞ。

PART 3
15分以内で本格つまみ

13分

キムチ納豆鍋

[材料] 2人分

キムチ	100g
納豆	1パック
豚ロース肉	140g
A 水	800cc
中華だし（顆粒）	小さじ1
みそ	小さじ1
コチュジャン	小さじ1
好みの野菜	適量

お好みでプラス

辛党は韓国唐辛子を加えて。

1/ 鍋にキムチと豚ロース肉、Aを入れて火にかけ、ひと煮立ちさせる。

2/ 1に好みの野菜、納豆を加える。野菜がくたっとなったら食べごろ。

BEST PEARING

▶ **「秀よし 練り上げにごり酒 とろとろと」**
（秋田県・鈴木酒造店）

どぶろくのように真っ白で、名前の通り極上のとろとろ感。キムチをはじめとする韓国料理と好相性。季節限定酒で、発売と同時にすぐ売り切れる人気ぶり。

PART 3
15分以内で本格つまみ

13分

下町風肉豆腐

[材料] 2人分
- 牛肉 ………… 150g
- 焼き豆腐 ……… 1パック
- 玉ねぎ ………… 1個
- A
  - しょうゆ …… 120cc
  - みりん ……… 100cc
  - 砂糖 ……… 大さじ3
  - 酒 ………… 100cc
  - だし ……… 250cc
- しらたき…1パック(200g)

※煮汁を作るのが面倒な場合は、市販のすき焼きの割下を使っても。

お好みでプラス ➕

黒七味を振る、温泉卵をプラスするなど。

1/ 牛肉と焼き豆腐は食べやすい大きさに切る。玉ねぎはくし形切りにする。

2/ 鍋にAを入れひと煮立ちさせる。1、ざく切りにしたしらたきを加え、玉ねぎがしんなりするまで煮込む。

BEST PEARING

▶「義侠 えにし 特別純米酒」
(愛知県・山忠本家酒造)

燗するとふっくら、まんまるの味に。豊かなコク、旨味をとことん堪能して。すき焼きや鴨鍋ともよく合う。芋焼酎、麦焼酎のお湯割りにもピッタリ。

PART 3

15分以内で本格つまみ

いかとパクチーのサラダ

[材料] 作りやすい量

いか ······················ 1杯
パクチー ················ 2束
プチトマト ············· 5個
きゅうり ··············· 1/2本
玉ねぎ ················ 1/3個
A｜赤唐辛子（小口切り）
　　··························· 1本
　｜すし酢 ········ 大さじ2
　｜ナンプラー　大さじ1

アレンジレシピ

すし酢の代わりにレモン汁を使っても。その場合は砂糖を小さじ1程度加える。

1/ いかはワタ、皮、ゲソを取り除いて輪切りにして、熱湯でサッとゆでる。パクチーはざく切りにする。プチトマトは半分に切り、きゅうりは縦半分にして斜め切り、玉ねぎは薄切りにする。

2/ ボウルに、Aを入れてよく混ぜ、1をすべて入れてあえる。

BEST PAIRING

▶「笑四季（えみしき） 貴醸酒 モンスーン 玉栄（たまさかえ）」
（滋賀県・笑四季酒造）

第一印象は南国のフルーツを思わせる濃厚な甘味。インパクトのある酸味で味のバランスを取る。甘酸っぱい味がベースのタイ料理との相性は最高。

PART 3

15分以内で本格つまみ

枝豆とあさりの煮びたし

[材料] 作りやすい量

枝豆	150g
あさり	180g
水	400cc
パックだし	1袋
A　めんつゆ	大さじ1
みりん	大さじ2

※夏は冷蔵庫で冷やして食べても。

〈下準備（前日）〉
あさりは塩水を入れた水に入れ、砂を吐かせておく。

1/ 洗った枝豆は両端を切る。

2/ 鍋に水、パックだしを入れてひと煮立ちさせたら、パックだしは取り出す。枝豆とAを加え、5分煮る。あさりを加え、ふたをして口が開くまで煮る。

▶「山川光男」
（山形県・山川光男プロジェクト）

山形の四つの蔵の共同企画で生まれたシリーズ。季節ごとに各蔵がもちまわりで商品化。どのお酒も食中酒として最高のパフォーマンスを誇る。

PART 3

15分以内で本格つまみ

タイ風サバの竜田揚げ

[材料] 2人分

- サバ ……… 半身(150g)
- A しょうゆ …… 大さじ1
  - 酒 ………… 大さじ1
  - おろし生姜 …… 少々
  - おろしにんにく … 少々
- パクチー ………… 適量
- 片栗粉 …………… 適量
- 揚げ油 …………… 適量
- B ナンプラー 大さじ1
  - 酢 ………… 大さじ1
  - 赤唐辛子（小口切り）
    ………… 1本分

1/ サバは一口大に切って、Aに漬ける。パクチーはざく切りにする。

2/ サバの汁気をきって片栗粉をまぶし、180度の油で揚げる。サバとパクチーを皿に盛り、Bを混ぜたタレをかける。

POINT サクサク感を残すなら、食べる直前にタレをつけて。

▶「せきのいち 純米生原酒 しぼりたて（にごり）」
（岩手県・世嬉の一酒造）

年末に出荷される季節限定酒。きちんと辛味もあるバランスのいいにごり酒。ほのかな酸味がサバの脂を流して、味をまとめてくれる。

PART 3

15分以内で本格つまみ

れんこんと桜えびのチーズ焼き

[材料] 2人分

れんこん	100g
桜えび	大さじ1強
溶けるチーズ	適量
にんにく	1片
オリーブオイル	適量
塩・こしょう	各少々
マヨネーズ	少々
パセリ（ドライ）	少々

1／ れんこんは皮をむいて縦半分に切ってから、薄切りにして水にさらす。にんにくはみじん切りにする。

2／ フライパンでオリーブオイルを熱し、にんにく、れんこん、桜えびを入れて炒め、塩、こしょうで調味する。

3／ 2を耐熱皿に入れ、マヨネーズ、溶けるチーズをかけてオーブントースターで7分焼き、パセリを散らす。

▶「特別純米酒 原田 西都(さいと)の雫」
（山口県・はつもみぢ）

山口県の酒造好適米・西都の雫を使用。油脂分が多い料理にも負けない辛味と旨味のパンチ力。スキッと冴えるキレが心地いい。

PART 3

15分以内で本格つまみ

揚げかぼちゃのバルサミコ酢ソース

[材料] 作りやすい量

かぼちゃ …… 320 g（正味180g）
バルサミコ酢 …… 大さじ2
サラダ油 ……………… 適量
塩・こしょう ……… 各少々
アーモンド ………… 10粒
バター ………………… 10g

1/ かぼちゃはワタを取り、一口大に切る。バルサミコ酢は小鍋に入れ、半量くらいになるまで煮詰める

2/ 耐熱皿にかぼちゃをのせ、軽くラップをして電子レンジで2分加熱したあと、180度の油でカラッと揚げる。

3/ 皿に2を盛り、塩、こしょうを振る。粗く刻んだアーモンド、1のバルサミコ酢をかけ、食べる直前にバターをのせる。

▶「吉田蔵　純米酒」
（石川県・吉田酒造店）

若きイケメン蔵元による渾身（こんしん）の一本。抜群のバランス。香り控えめで、合わせる料理を選ばない。デイリーに飲みたい。

PART 3

15分以内で本格つまみ

鶏のせり鍋

[材料] 2人分

鶏もも肉 … 1枚（250g）
せり（根付き）……… 2束
A 水 ……………600cc
　 だしパック……… 1袋
しょっつる（orナンプラー）
　……… 大さじ2〜3
みりん ………… 大さじ1
生姜（薄切り）…… 1片分

※しょっつるの量は、だしパックの塩分によって加減する。

1/ 鶏もも肉は一口大に切る。せりはざく切りにする。

2/ 鍋にAを入れて火にかける。煮立ったらだしパックを取り出し、しょっつる、みりん、生姜、鶏もも肉を加える。鶏肉に火が通ったらせりを加える。

▶「鏡山 純米酒」
（埼玉県・小江戸鏡山酒造）

香り控えめ。伸びやかな旨味とナチュラルな甘味が魅力。温めるとテクスチャーに丸みが出て、さらにバランスのよさが強調される。

PART 3
15分以内で本格つまみ

鶏手羽中肉のXO醬焼き

[材料] 4人分

鶏手羽中
　……2パック（約20本）
A│XO醬……… 小さじ1
　│しょうゆ …… 大さじ2
　│酒 ………… 大さじ1
　│おろし生姜 ….. 少々
　│おろしにんにく　少々

〈下準備（前日）〉
鶏手羽中とAをボウルに入れ、3時間以上漬けておく。

お好みでプラス

仕上げにさんしょうの粉や黒こしょうを振る。

1/ 漬け汁の汁気を軽くきり、魚焼きグリルで焦げ目がつくまで焼く。

▶「大倉　山廃純米　陽の光　無濾過生原酒」
（奈良県・大倉本家）

山廃ならではのやや強めの酸が、鶏の脂をきれいに流してくれる。鶏手羽中のほか、豚バラ肉、鶏もも肉など脂の多い肉にも。お酒は紹興酒と合わせても。

PART 3

15分以内で本格つまみ

豚肉のにらチーズ巻き

[材料] 2人分

豚ロース肉	6枚
にら	3本
スライスチーズ	3枚
塩・こしょう	各少々
サラダ油	適量
A 酒	大さじ1/2
しょうゆ	大さじ1/2

お好みでプラス

さんしょうの粉を振る。

1/ にらは長さ半分に切る。豚ロース肉を縦長に広げ、端を少しずつ重ねながら横に並べていく。

2/ 1の上ににらとスライスチーズをすべてのせ、のり巻きの要領で手前からくるっと巻き、塩、こしょうを振る。

3/ フライパンにサラダ油を熱し、2を焼き、全体に焦げ目がついたらAを入れて蒸し焼きにする。

▶「竹泉　どんとこい純米酒　鳶色Vintage」
（兵庫県・田治米合名会社）

朝来（あさご）市産「どんとこい米」を全量使用。熟成したお酒ならではの深みのある旨味と、なめらかな口当たり。おすすめはぬる燗。

PART 3

15分以内で本格つまみ

肉巻き卵

[材料] 2人分

牛肉（薄切り）……… 60g
卵 ………………… 2個
サラダ油 …………… 少々
A 酒 …………… 大さじ1
　みりん ……… 大さじ1
　しょうゆ …… 大さじ1

お好みでプラス＋

ピンクペッパーを加えても。

1/ 卵は半熟にゆで、殻をむき、牛肉を隙間なく巻く。

2/ フライパンにサラダ油を熱し、1の巻き終わりを下にして焼き、転がしながら全面を焼く。火が通ったら合わせておいたAを加え、汁をよくからめる。

▶「雪の茅舎 山廃純米」
（秋田県・齋彌酒造）

TV番組「プロフェッショナル 仕事の流儀」（NHK）でも取り上げられた秋田の名蔵。ぬるめの燗酒が◎。バランスのよさに感服する完成度の高さ。

PART 3
15分以内で本格つまみ

りんごとベーコン焼き

[材料] 作りやすい量

りんご ……………… 1個
厚切りベーコン … 100g
A | 塩・こしょう …… 少々
　| 粉チーズ……… 適量

1/ りんごは皮をむいて芯を取ってから1cm角に切り、酢水（分量外）につけておく。厚切りベーコンは1cm角に切り、フライパンで軽く焦げ目がつくまで焼く。

2/ ボウルに1、Aを入れ、よく混ぜる。

▶「山形正宗まろら 純米吟醸」
（山形県・水戸部酒造）

ソフトな酸味と旨味が舌の上で溶け合う。気品ある酸味がベーコンやチーズの油分をきれいに流し、おいしさだけを凝縮。白ワインに合わせても。

PART 3

15分以内で本格つまみ

パプリカのブルスケッタ

[材料] 2人分

パプリカ（赤・黄）
　　　………… 各1/2個

A｜塩・こしょう …… 少々
　｜コンソメ（顆粒）… 少々
　｜オリーブオイル
　｜　………… 大さじ1

バゲット …… 4〜6切れ

お好みでプラス＋

バゲットにクリームチーズを塗る。最後にパセリを振っても。

1/　パプリカは縦半分に切ってヘタと種を取り、魚焼きグリルで焦げ目がつくまで焼く。水に取って薄皮をむき、短冊切りにする。

2/　ボウルにAを入れてよく混ぜ、1を加えて混ぜ、トーストしたバゲットにのせる。

▶「新政　純米　亜麻猫（あまねこ）」
（秋田県・新政酒造）

言わずと知れた秋田が誇る名蔵。白麹ならではの酸味が、味の主軸に。白ワインのような感覚で飲める。イタリアンともぴったり。

PART 3

15分以内で本格つまみ

納豆ナーラ

[材料] 1人分

納豆 …………… 1パック
A｜溶き卵 ……… 1個分
　｜塩昆布 …… ひとつまみ
　｜しょうゆ …… 小さじ1
　｜粉チーズ …… 大さじ1
パスタ（乾）………… 80g

1／ ボウルに納豆とAを入れ、よく混ぜる。
2／ パスタを塩を加えた熱湯（分量外）で好みの固さにゆで、1に加え混ぜる。

▶「日輪田（ひわた）　山廃純米」
（宮城県・萩野酒造）

しっかりとした旨味とコクが、納豆×チーズにマッチ。メガネや猫などユニークなラベルのお酒を出すことでも知られる蔵。

PART 4

休日はじっくり「ゆる呑み」つまみ

PART 4
休日はじっくり「ゆる呑み」つまみ

鯛のあら飯

1/ 鯛のあらは流水でよく洗う。熱湯（分量外）をかけたあと、酒をまわしかけ、塩を振って魚焼きグリルで両面焼く。

2/ 炊飯器にAを入れ、1をのせて炊く。

3/ 骨を取り、身をほぐしてご飯に混ぜる。器に盛り、青じそをのせる。

[材料] 作りやすい量

鯛のあら	1尾分
酒	少々
塩	少々
A 米	2合
白だし	60cc
水	340cc
生姜（せん切り）	1片分
青じそ（せん切り）	1枚

※調味料の分量は目安です。

▶「月山 芳醇辛口純米」
（島根県・吉田酒造）

旨味もきちんと兼ね備えた深みのある辛口酒。イタリアやタイなど海外のセレブの間でも人気。長時間、飽きずに飲める。お酒は白ワインでも。

PART 4
休日はじっくり「ゆる呑み」つまみ

紅茶豚

1/ 豚バラ肉とAを鍋に入れ、かぶるくらいの水（分量外）を入れて火にかける。アクを取りながら約1時間煮込む。

2/ 小鍋に漬けだれの材料を入れて煮立たせる。冷めたら保存袋にたれと1の肉を入れ、半日以上漬ける。

[材料] 作りやすい量

豚バラ肉の塊 …… 450g
A にんにく ………… 1片
　生姜 …………… 1片
　紅茶 ………… 1パック

〈漬けだれ〉
酒 ……………… 50cc
しょうゆ ………… 50cc
みりん ………… 50cc

マスタードやタイムを添えても。

▶「磐城寿　アカガネ　熟成純米」
（山形県・鈴木酒造店）

熟成を考えて酒質設計された蔵元の懐の深さ、実直さを感じさせるコクと旨味に満ちた味わい。燗映えする極上の味。赤ワインにもよく合う。

PART 4

休日はじっくり「ゆる呑み」つまみ

白菜と油揚げの煮びたし

[材料] 2人分

白菜 … 4枚（180～200g）
油揚げ …………… 1枚
A｜パックだし……… 1袋
　｜水 ……………180cc
　｜薄口しょうゆ
　｜　…… 大さじ1と1/2
　｜酒 ………… 大さじ1
　｜みりん ……… 小さじ1
　｜砂糖 ……… 小さじ1
ゆずこしょう … 好みの量

1/ 白菜と、キッチンペーパーで油をふき取った油揚げを短冊切りにする。

2/ 鍋にAを入れて煮立たせ、パックだしを取り出す。1を入れ10～15分煮込む。仕上げにゆずこしょうを加える。

▶「李白　特別純米」
（島根県・李白酒造）

蔵の定番酒。五味のバランスに富む。しっかりとしたコクを、極上のキレによって見事にまとめていく。どんな温度帯でもOK！

PART 4
休日はじっくり「ゆる呑み」つまみ

玉ねぎのベーコン詰め

[材料] 1人分

玉ねぎ …………… 1個
ベーコン …… 1枚 (20g)
A ┃ 水 ……………… 300cc
　┃ コンソメキューブ… 1個
粗びきこしょう ……… 少々

お好みでプラス

さんしょうの粉や七味唐辛子を振る。

1/ 玉ねぎは皮をむいて上1㎝を切り落とし、真ん中をスプーンでくり抜き、ベーコンを丸めて詰める。
※くり抜いた玉ねぎは、炒め物などに流用。

2/ 耐熱ボウルに1を入れ、Aを加えてラップをする。電子レンジで12分加熱し、粗びきこしょうを振る。

▶「刈穂 燗あがり」
（秋田県・秋田清酒）

蔵伝統の山廃仕込みで醸された酒。緻密な酒質設計により、燗上がりするように考えられた一本。おすすめは熱燗。燗冷ましも美味。

PART 4

休日はじっくり「ゆる呑み」つまみ

甘酒オムレツ

[材 料] 作りやすい量

甘酒 …………………100cc
卵 ……………………2個
じゃがいも
　…… 小1個（100g）
玉ねぎ　小1個（130g）
オリーブオイル ……… 適量
A｜溶けるチーズ … 50g
　｜塩・こしょう …各少々

1/ じゃがいもと玉ねぎは、皮をむいて縦半分に切ってから薄切りにする。

2/ オリーブオイルを熱したフライパンで1を炒める。粗熱が取れたらボウルに入れ、甘酒、卵、Aを加えよく混ぜる。フライパンで両面を焼く。

▶「信濃錦　命まるごと　特別純米酒」
（長野・宮島酒店）

甘酒と卵の甘味と、ナチュラルな米の甘味が共鳴し合う。蔵で使う米は低農薬、または無農薬に限定。原料へのこだわりを感じる。

PART 4
休日はじっくり「ゆる呑み」つまみ

20分

卵春巻き

[材料] 作りやすい量

ゆで卵	3個
春巻きの皮	10枚
玉ねぎ	1/2個
サラダ油	少々
A マヨネーズ	大さじ2
塩・こしょう	少々
揚げ油	適量
塩	少々

1/ 玉ねぎは皮をむいて薄切りにし、サラダ油を熱したフライパンで透き通るまで炒める。

2/ ボウルに1、粗くつぶしたゆで卵を入れ、Aを加えよく混ぜる。10等分にし、春巻きの皮で巻く。

3/ 2を170度の油で揚げ、塩を振る。

BEST PAIRING

▶「ふもと井 熱燗純米」
（山形県・麓井酒造）

55度くらいの飛び切り燗で。しっかり造られたお酒なので熱々にしてもへたれない。マヨネーズのコク、酸味とよく合う。ビールにも。

PART 4
休日はじっくり「ゆる呑み」つまみ

20分

いかの姿煮

[材料] 作りやすい量

いか		中2杯
A	だし	100cc
	酒	50cc
	しょうゆ	大さじ1
	みりん	大さじ1
	砂糖	小さじ1と1/2

お好みでプラス＋

さんしょうの粉を振る。

1/ いかはワタと足を残し、軟骨、目、口、スミ袋を除き、よく洗う。胴に足を詰め、つまようじでとめる。

2/ 鍋でAをひと煮立ちさせ、1を入れて落としぶたをして10分煮る。

▶「龍力 特別純米 生酛仕込み」
（兵庫県・本田商店）

ぐぐっと押し出すようなしっかりとした旨味は生酛ならでは。ぬるめの燗にすると、いかワタのおいしさがさらにパワーアップ。芋焼酎のお湯割りにも。

PART 4
休日はじっくり「ゆる呑み」つまみ

肉大根

[材料] 作りやすい量

牛肉（薄切り） …… 150g
大根 …………………… 500g
A │ だし汁 ………… 300cc
　│ すき焼きのたれ（市販）
　│ ……………………… 100cc

お好みでプラス＋

仕上げに和からしを加えたり、ゆずこしょうを添えたりしても。

1/ 牛肉は一口大に切る。大根は皮をむき、2cm厚さの輪切りにし、面取りして下ゆでする。

2/ 鍋に1とAを入れ、落としぶたをして火にかける。汁気が半分になるくらいまで煮込み、器に盛る。あれば、ゆでたスナップえんどうを添える。

▶「酔鯨　特別純米」
（高知県・酔鯨酒造）

がつーんとした旨味を求めている方に。料理を引き立てるため、香りはあくまでも控えめ。すき焼きのたれを使った料理や焼き鳥（たれ味）とも好相性。

PART 4

休日はじっくり「ゆる呑み」つまみ

コクうま大根ステーキ

[材料] 2人分

大根 ················ 200g
サラダ油 ············· 少々
A | しょうゆ ····· 大さじ1
  | 酒 ············ 大さじ1
  | みりん ········ 大さじ1
  | おろしにんにく…少々

お好みでプラス

仕上げに大根おろし、あさつき、フライドにんにくをのせる。

1/ 大根は2〜3cm厚さの輪切りにして面取りをする。格子状に切れ目を入れ、かぶるくらいの水(分量外)とともに鍋に入れ、やわらかくなるまで煮る。

2/ フライパンにサラダ油を熱し、1を焦げ目がつくまで焼く。Aを加え、大根にからめる。

▶「黒牛 純米酒」
(和歌山県・名手酒造)

「飲む」というより、舌にしみ込んでいくようなやわらかさが特徴。ふくらみのある旨味が大根ステーキの甘辛のたれとベストマッチ。

PART 4

休日はじっくり「ゆる呑み」つまみ

簡単アクアパッツァ

[材料] 2人分

白身魚 …………… 1尾
ハーブ（タイム、ローズマリーなど）………… 適量
オリーブオイル … 大さじ1
にんにく（みじん切り）
　………… 1片分
A｜しめじ ………… 1/4房
　｜トマト（ざく切り）
　｜………… 小1個分
　｜あさり ……… 1パック
　｜顆粒コンソメ…小さじ1
　｜酒 …………… 100cc

〈下準備〉
あさりは砂抜きしておく。

1/ 下処理した魚のおなかにハーブを詰め、塩、こしょう（分量外）を振る。

2/ フライパンにオリーブオイルを熱し、にんにくを炒め、1を加えて両面焼く。

3/ 2にAを加え、ふたをして火が通るまで煮る。

▶「純米吟醸　天の戸」
（秋田県・浅舞酒造）

やわらかな喉越しは水のよさ、造りの確かさを感じさせる。杜氏の故・森谷康市さんは米と微生物を知り尽くしたまさに現代の名工。白ワインにも。

PART 4

休日はじっくり「ゆる呑み」つまみ

スパイシーささみジャーキー

[材 料] 作りやすい量

ささみ …………… 6本
ハーブソルト ……… 少々
こしょう …………… 少々

お好みでプラス

粉チーズやカレー粉を振っても。

1/ ささみは筋を取り、ハーブソルト、こしょうを振り、冷蔵庫で3時間以上置き、味をなじませる。

2/ 230度のオーブンで片面15分ずつ焼く。

※トースターの場合は、10分焼いて裏返して5分。焦げそうな場合はアルミホイルを巻いて焼く。

▶「純米大吟醸 洌(れつ) 発泡にごり生」
（山形県　小嶋総本店）

ほどよい甘さの発泡にごり。シュワシュワっとした喉越しで、スパイシーな調味料にピッタリ。中華で多用する花椒（ホアジャオ）にも合う。

PART 4

休日はじっくり「ゆる呑み」つまみ

手羽元のこっくり煮

[材料] 2人分

鶏手羽元……………6本
A 生姜（薄切り）…1片
  酒 ……………100cc
  だし …………150cc
B オイスターソース
  ……………大さじ1
  はちみつ……大さじ1
  しょうゆ……大さじ2
  みりん………大さじ1
ゆで卵……………2個

1. 鍋に鶏手羽元とAを入れ煮立て、鶏肉に火が通ったら、Bを加え、とろみがつくまで煮る。最後にゆで卵を加え、煮汁をからめる。あれば、ゆでたスナップえんどうを添える。

▶「京の春 益荒猛男 純米原酒」
（京都府・向井酒造）

女性杜氏が醸す酒。練れた米の旨味と、酸味が合わさることで、立体感のある味わいに。飛び切り燗でもへたらない強さがある。

125

PART 4

休日はじっくり「ゆる呑み」つまみ

65分

アテおこわ

[材料] 作りやすい量

米	1合
もち米	1合
水	400cc
A ソーセージ（輪切り）	6本分
干しえび	15g
XO醤	小さじ3
しょうゆ	小さじ2
ごま油	適量
糸唐辛子	少々

1/ ボウルで米ともち米を研ぐ。水とAを入れて軽く混ぜ、30分以上おく。

2/ 1を炊飯器に移して炊き、炊き上がったらごま油をまわしかけ、混ぜる。器に盛り、糸唐辛子を散らす。

▶「酉右衛門　直汲み　純米無濾過生原酒　雄町70%」
（岩手県・川村酒造）

BEST PEARING

微発泡でボリューム＆フレッシュ感たっぷりのお酒。XO醤や豆鼓といった中国料理に多用するコクのある調味料とよく合う。紹興酒にも。

PART 5

作りおきで いつでも「すぐ呑み」

PART 5

作りおきでいつでも「すぐ呑み」

クリームチーズの粕漬け

1/ ボウルに酒粕を入れ、純米酒を加えてクリーム状になるまで練る。

2/ 密閉容器に1の半分を入れ、クリームチーズ6個を並べる。残りの酒粕をチーズ全体がかぶるように乗せ、冷蔵庫で1週間以上漬ける。

[材料] 作りやすい量

酒粕（常温） …… 300g
純米酒 ……………… 適量
クリームチーズ ……… 6個

お好みでプラス＋

食べる際、クリームチーズの上に、しょうゆ麹を少々乗せても。

▶「川鶴　純米雄町80」
（香川県・川鶴酒造）

奥行のある旨味、重厚なコク。余韻と存在感をしっかりと舌に残しながらも、切れ上がりは秀逸。蔵元の川人さんは筋トレマニア。赤ワインにも。

PART 5

作りおきでいつでも「すぐ呑み」

筋子の昆布締め

1/ 小鍋に漬けだれの材料を入れ、煮立たせ冷ましておく。筋子は塩を振り、10分たったら表面をキッチンペーパーでふく。

2/ 1の漬けだれを密閉容器に入れ、筋子を加え、時折裏返しにしながら1日漬け込む。

3/ 水で軽く戻した昆布に汁気をきった2の筋子をのせ、さらに昆布を上にのせて挟む。ラップで包み、一晩以上寝かせる。

[材料] 作りやすい量

筋子（生）………… 150g
〈漬けだれ〉
　しょうゆ …… 大さじ3
　酒 ………… 大さじ1
　みりん ……… 大さじ2
昆布…筋子全体を包める量

BEST PEARING

▶「夜明け前　辰の吟　特別本醸造」
（長野県・小野酒造）

兵庫産の山田錦を全量使用したコストパフォーマンスに富む酒。フルーティな香りをたたえながらも主張は控えめ。魚卵の旨味を引き立てる。

PART 5

作りおきでいつでも「すぐ呑み」

ピーナッツの黒酢漬け

[材料] 2人分

ピーナッツ …………… 30g
黒酢 …………………… 適量
赤唐辛子（小口切り）
　………………………… 1本分
きゅうり ……………… 1/4本

お好みでプラス

酸味が苦手な方は、はちみつを加えるとやわらかな味わいに。

1/ 密閉容器にピーナッツと赤唐辛子を入れ、黒酢をひたひたになるまで注ぎ、半日以上漬ける。

2/ 食べる直前に、約1cm角に切ったきゅうりを入れる。

▶「大典白菊　生酛純米　雄町　大古酒長期熟成」
（岡山県・白菊酒造）

古酒のしっかりとした旨味、生酛ならではの酸味が黒酢にマッチ。冷やもいいが、おすすめは燗酒。米感が口中でスパークする。

PART 5

作りおきでいつでも「すぐ呑み」

5分

柿と玉ねぎのマリネ

[材料] 2人分

柿 ……………… 小1個
玉ねぎ …………… 20g
A | オリーブオイル
　　 ……… 大さじ1
　| すし酢 …… 大さじ2
　| 塩・こしょう …各少々

1/ 柿の皮をむき、8等分に切る。玉ねぎは薄切りにする。

2/ ボウルにAを入れてよく混ぜ合わせ、1を加えてさらに混ぜる。10〜15分で味がなじんだら食べごろ。

▶「射美　純米吟醸　WHITE」
（岐阜県・杉原酒造）

あふれ出る果実感と透明感は圧倒的。生産数が少ない超レアなお酒。裏ラベルにも蔵元の思いがたっぷり詰まっている。白ワインにも。

PART 5

作りおきでいつでも「すぐ呑み」

卵黄のしょうゆ漬け

[材料] 作りやすい量

卵	4個
しょうゆ	50cc
みりん	50cc
青じそ	4枚

1. 卵は殻ごとラップに包み、冷凍庫で一晩以上凍らせる。凍ったら常温に戻し、卵黄だけ取り出す。

2. 鍋にしょうゆとみりんを入れて煮立たせる。冷めたら1の卵を静かに入れ、冷蔵庫で保存する。3日目くらいからが食べごろ。皿に青じそを敷き、卵をのせる。

▶「武勇　純米　辛口」
（茨城県・武勇酒造）

ほどよい熟成感と旨味ののった食中酒に最適の一本。香り控えめで、どんな料理にも合う。常温から燗酒まで、あらゆる温度帯で楽しめる。

PART 5

作りおきでいつでも「すぐ呑み」

梅干しキムチ

[材料] 作りやすい量

梅干し（減塩タイプ）
…………………… 6個

キムチ ………… 50g

はちみつ ……… 大さじ1/2

1/ キムチは細かく切る。ボウルに入れ、梅干し、はちみつを加え、冷蔵庫で一晩置く。

▶「竹鶴　純米にごり酒」
（広島県・竹鶴酒造）

甘さを感じさせない辛口ですっきりとした後味のにごり酒。冷酒はもちろん、燗をつけても。韓国料理や豚肉料理に合わせたい。

PART 5

作りおきでいつでも「すぐ呑み」

ぶどうのマリネ

[材料] 2人分
※写真は1人分

ぶどう（種なし）… 10粒
A 生姜（せん切り）…少々
　塩・こしょう …各少々
　オリーブオイル… 少々
　りんご酢………… 少々

1/ ぶどうは皮付きのまま半分に切ってボウルに入れ、Aを加えよく混ぜる。冷蔵庫で1〜2時間寝かしたら食べごろ。

※ぶどうは皮付きのまま食べられる品種を選んで。

▶「角右衛門　純米大吟醸　秋田酒こまち仕込」
（秋田県・木村酒造）

秋田県湯沢市の銘醸蔵。マスカットを思わせるエレガントな香りが立つ。ひっかかりのないなめらかな酒質は飲むたびにうっとり。白ワインにも。

PART 5

作りおきでいつでも「すぐ呑み」

5分

柿ピーチーズ

[材 料] 作りやすい量

クリームチーズ……… 80g
柿の種とピーナッツ… 30g
一味唐辛子 ………… 少々

1/ クリームチーズはボウルに入れ、ゴムべらで練ってクリーム状にする。

2/ 1に、粗く砕いた柿の種とピーナッツ、一味唐辛子を入れ、よく混ぜる。4等分してラップで包み、丸く成形し、冷蔵庫で1時間冷やす。

▶「竹林　ふかまり」
（岡山県・丸本酒造）

自家栽培の山田錦を使用。冷酒もいいが、燗酒がさらにオススメ。クリームチーズの油分が溶け、口中がさっぱりとする。

PART 5

作りおきでいつでも「すぐ呑み」

自家製干し大根のハリハリ漬け

[材 料] 作りやすい量

大根 … 5cm長さ（200g）
A | めんつゆ…… 大さじ2
  | 酢 ………… 大さじ1
  | 赤唐辛子（小口切り）
  | ……………… 少々

1/ 大根は短冊切りにし、天日で4〜5日干す。

2/ ボウルにAを入れ、1を加えてよく混ぜる。冷蔵庫で一晩寝かせたら食べごろ。

▶「八海山　しぼりたて原酒　越後で候（青ラベル）」
（新潟県・八海醸造）

毎年10月から3月まで、季節限定で販売されるレアなお酒。口に含んだ瞬間、フレッシュさが弾ける。冷やして、またはロックで。

PART 5

作りおきでいつでも「すぐ呑み」

クリームチーズのみそ漬け

[材料] 作りやすい量

みそ ……………… 大さじ3
みりん …………… 大さじ1
※割合は好みで調整
クリームチーズ ……… 6個

POINT

甘党の方はみりんを多めに。みそは洗って食べてもOK。

1/ みそ、みりんをよく混ぜ密封容器に半量入れ、クリームチーズを並べる。みそとみりんの残りはチーズ全体がかぶるようにのせ、冷蔵庫で1週間以上寝かす。

2/ クリームチーズは一口サイズに切って器にのせ、あれば、大根を長さ5cmの短冊切りにして添える。

▶「木戸泉　自然舞　純米酒」
（千葉県・木戸泉酒造）

農薬、化学肥料を使わない自然農法で作られた米を使用。ガツンとした濃厚な旨味にノックアウト。自宅の冷蔵庫で自家熟成して味の変化を楽しんでも。

PART 5

作りおきでいつでも「すぐ呑み」

煮干しのオイルサーディン風

[材料] 作りやすい量

煮干し（だしがらでも可）
………… 30g
オリーブオイル ……… 適量
にんにく ………… 1片
赤唐辛子（小口切り）
………… 1本分
塩・こしょう ……各少々

POINT

2日くらい置くと味がなじみます。サンドイッチの具やパスタに入れるなどアレンジも楽しい。

1/ にんにくはみじん切りにする。

2/ フライパンにオリーブオイルを熱し、にんにく、赤唐辛子を炒める。香りが出たら煮干しを加え、ごく弱火で3分加熱し、塩、こしょうで調味する。

3/ 保存容器に2を入れ、煮干しがかぶるまでオリーブオイルを加える。

▶「播州一献　純米超辛口」
（兵庫県・山陽盃酒造）

潔いキレと米のうまみ。冷やでも燗でも抜群の味わい。「食中酒」という言葉がぴったり。我が家ではお寿司と言えばこのお酒。

PART 5

作りおきでいつでも「すぐ呑み」

ごぼポン揚げ

[材料] 2人分

ごぼう	1本
ポン酢	適量
片栗粉	適量
揚げ油	適量

アレンジレシピ

ごぼうの代わりにれんこんを使っても。

1/ ごぼうは包丁の背で皮をこそぎ取り、麺棒などでたたき、3cmの長さに切る。酢水(分量外)に入れ、アク抜きをする。

2/ 1の水気を切ったあと、ポン酢をひたひたに加え、1時間以上漬け込む。

3/ 軽く汁気をきったあと、片栗粉をまぶし、180度の油でカラッと揚げる。

▶「特別純米　うまからまんさく」
（秋田県・日の丸醸造）

旨味もきちんとある旨辛口。潔いキレが揚げ物と好相性。漫画「いっぽん!!〜しあわせの日本酒」（集英社）に掲載され話題に。

PART 5
作りおきでいつでも「すぐ呑み」

15分

焼きなすのマリネ

[材料] 作りやすい量

| なす | 小2本 |
| トマト | 小1個 |

A
- にんにく（みじん切り） … 1片分
- オリーブオイル … 大さじ1
- ワインビネガー … 大さじ2
- 砂糖 … 小さじ1/2
- 塩・こしょう … 少々
- コンソメ（顆粒）… 少々

1/ なすは魚焼きグリルで皮が焦げるまで焼く。水に取って皮をむき、水気をきってざく切りにする。トマトもざく切りにする。

2/ ボウルに1とAを入れ混ぜ、冷蔵庫で1時間ほど冷やす。あれば、食べる直前にタイムを飾る。

▶「三千櫻　純米　ひとごこち」
（岐阜県・三千櫻酒造）

豊かな甘味と酸味が、マリネに使ったワインビネガーとマッチする。上質なオリーブオイルとの相性もバツグンのフルーティな味わい。

PART 5

作りおきでいつでも「すぐ呑み」

牡蠣のオイル漬け

[材料] 作りやすい量

牡蠣（加熱用） … 500g

A | オリーブオイル … 250cc
  | にんにく ………… 3片
  | 赤唐辛子（小口切り）
  | ……………………… 少々
  | 粒こしょう（ミックス）
  | ……………………… 少々

B | 塩 ………… 小さじ1/2
  | しょうゆ … 小さじ1/2
  | ベイリーフ …… 1枚

POINT
3日目ごろからが食べごろ。

1／ ボウルに水、片栗粉、塩を各少々（分量外）入れ、牡蠣を加えて優しく振り洗いする。

2／ フライパンにAを入れて弱火で熱し、1の牡蠣を入れ、サッと火が通ったら取り出す。

3／ 2のオリーブオイルにBを加え混ぜる。粗熱がとれたら牡蠣を戻し、保存容器に入れ、冷蔵庫で保存する。

BEST PAIRING

▶「龍勢　夜の帝王　特別純米」
（広島県・藤井酒造）

旨味たっぷり、キレよし。常温または燗酒がオススメ。熟成感があり、オイル漬けや中華料理などしっかり味の料理に合う。夜の帝王シリーズの低アル版。

PART 5

作りおきでいつでも「すぐ呑み」

15分

鮭の南蛮漬け

[材料] 作りやすい量

生鮭（切り身）	2切れ（180〜200g）
塩・こしょう	少々
小麦粉	適量
玉ねぎ	1/3個
きゅうり	少々
A 酢	大さじ2
酒（煮切ったもの）	大さじ2
しょうゆ	大さじ2
砂糖	大さじ1
七味唐辛子	少々
オリーブオイル	適量
ごま	少々

1/ 生鮭は皮を取って一口大に切り、塩、こしょうをし、小麦粉をまぶす。玉ねぎは薄切り、きゅうりはせん切りにする。

2/ 鍋にAを入れてひと煮立ちさせ、漬け汁を作る。

3/ フライパンにオリーブオイルを熱して鮭を焼き、玉ねぎ、きゅうりとともに2に漬けておく。食べる直前に器に盛り、ごまを振る。

▶「美田　純米吟醸　山田錦」
（福岡県・みいの寿）

福岡県糸島産の山田錦を使用。香りは控えめ。魚介類の繊細な旨味を引き立ててくれる穏やかな米の旨味がいい。冷やしてワイングラスで。

PART 5

作りおきでいつでも「すぐ呑み」

鶏レバーのウスターソース漬け

[材料] 作りやすい量

鶏レバー ………… 180g

A | ウスターソース
　　………… カップ1/3
　にんにく（みじん切り）
　　………… 1片分
　生姜（みじん切り）
　　………… 1片分
　酒 ……… カップ1/3
　はちみつ …… 大さじ1

ピンクペッパー …… 少々

1/ 鶏レバーは水（分量外）に15分漬ける。薄皮、脂肪を取り除き、ゆでて中までしっかり火を通す。
※鶏レバーの下処理は牛乳を使うとさらに臭みが緩和します。

2/ 鍋にAを煮立て、粗熱がとれたら、一口大に切ったレバーを漬ける。翌日から食べごろに。食べる直前に器に青じそ（分量外）を敷き、ピンクペッパーを散らす。

▶「不老泉　山廃純米吟醸　備前雄町　生原酒」
（滋賀県・上原酒造）

フルーティなお酒にちょっと飽きてきた方にオススメしたい旨口酒。旨味が広がったあと、ビシッとしたキレで味をまとめていく。

PART 5

作りおきでいつでも「すぐ呑み」

紅茶煮卵

[材 料] 作りやすい量

卵 …………… 6個

A 紅茶ティーバッグ
　（ダージリン）… 1袋
　水 …………… 3カップ
　中華だし … 大さじ1
　赤唐辛子 …… 1本
　五香粉 ………… 少々

お好みでプラス

練りからしを添えて。

1/ 卵は水から入れ火にかけ、沸騰させたあと10分ゆでる。粗熱がとれたら、殻にまんべんなくヒビを入れる。

2/ 1とAを鍋に入れ、15分煮る。そのまま冷まして1〜2日冷蔵庫で寝かせる。

▶「多摩自慢　純米無濾過」
（東京都・石川酒造）

「スローフードジャパン燗酒コンテスト2015」で、お値打ち燗酒ぬる燗部門最高金賞受賞。旨味と甘味が引き出された食中酒。

PART 5 作りおきでいつでも「すぐ呑み」

紅生姜

[材 料] 作りやすい量

新生姜	1kg
塩	適量
赤じそ	1束
梅酢	適量

POINT

保存容器は煮沸消毒をしておく。保存容器に漬けた紅生姜は、2週間後からが食べごろ。

1/ 新生姜はよく洗い、水気を取ったあと、塩をたっぷりまぶす。重石をして、一晩置く。
2/ 1を天日に1日当てる。
3/ 赤じそは枝から葉を取ったあとによく洗い、塩でもみ、あくが出てきたら絞る。これを2回繰り返す。
4/ 保存容器に2、3を入れ、梅酢を注ぐ。

▶「群馬泉　山廃　本醸造」
（群馬県・島岡酒造）

最高のコストパフォーマンスを誇るマストバイの一本。常温、冷やもいいが、一番のおすすめは燗。旨味の花が口中で咲く。

PART 5

作りおきでいつでも「すぐ呑み」

はちみつ梅干し

[材料] 作りやすい量

梅（完熟） ………… 1kg
塩 ……………………… 80g
はちみつ …… 100～150g

POINT

塩分控えめなので、保存は冷蔵庫で。梅を漬けたあとの梅酢は捨てず、紅生姜をつける際などに再利用を。

1/ 梅はようじでヘタを取り、布で汚れを拭く。
2/ ボウルに1と塩を入れ、よく混ぜ合わせる。
3/ ジッパー付き保存袋に2とはちみつを入れ、冷蔵庫で保管する。3～4日で梅酢が上がってくる。
4/ 3から取り出し、梅雨明けの好天が続く日に、時折裏返しにしながら3日3晩干す。

▶「白露垂珠　ミラクル77　無濾過純米」
（山形県・竹の露）

77％精米とは思えない淡麗でスムーズな味わいはまさにミラクル。香りが控えめなので白身魚、豆腐など繊細なアテにもぴったり。

「基本のき」がわかれば簡単！
料理とお酒の
ペアリングのポイント

ペアリングの「基本のき」は料理とお酒の味の濃淡を合わせること。双方のバランスが取れていると味の一体感が生まれ、どちらもよりおいしくいただけます。

P14-15 で紹介

豆腐の塩漬け カプレーゼ風

「豆腐の塩漬け カプレーゼ風」など、調理の仕方は生、蒸すなど至ってシンプル。味付けは塩やだしの味を生かしたものが挙がります。

P107 で紹介

肉巻き卵

「肉巻き卵」や「クリームチーズの粕漬け」など甘辛い味、しっかり味の料理が代表格。調理の仕方は煮込んだり、揚げたりとひと手間をかけたもの。

料理の傾向

薄い・軽やか ← 味わい → 濃い・しっかり

お酒の傾向

日本酒の場合

いわゆる淡麗辛口と呼ばれるものやフルーティなタイプ。余韻は短く、キレは抜群。スッキリとした味わいのお酒です。

米の旨味にあふれる旨口タイプ、熟成酒も含まれます。余韻はやや長め。温めて飲むと、より一層おいしさが増します。

その他のお酒の場合

辛口の白ワインやハイボールなど、のど越しのいいお酒を。

赤ワイン、黒ビールなどしっかりした味のお酒。本格焼酎も。

149

「すぐ呑み」をおいしくサポート
ちょい足し + 調味料 +

「すぐ呑み」のレシピは簡単だからこそ、「ちょい足し」で加える調味料がグンと生きます。おうちに一つあると便利な調味料たちをご紹介します。

塩

トリュフ塩

ひと振りすれば、ゆで卵さえもごちそうになる香り高い塩。

イタリア・Tartuf Langhe社

ゆずこしょう

隠れ里の柚子こしょう

少量でもパンチの効いた辛味が後を引く。肉料理にぴったり。

熊本県・いずみ

しょうゆ

（右）
無添加しょうゆ

角のない丸み。一滴で煮物に差がつく優秀なしょうゆ。

長野県・丸正醸造

（左）
手作りおさしみしょうゆ

たまりしょうゆをブレンドしたコクと深みのある味わい。

石川県・直源醤油

◇ 唐辛子類 ◇

練り七味
温泉旅館オリジナル。揚げ物や鍋に入れるとワンランク上の味になる。

香川県・華の湯　紅梅亭

最強一味 皇(すめら)
ただ辛いだけでなく、甘味もある旨辛の一味。国産唐辛子を使用。

京都府・はた源

チリ・イン・オイルペースト
ひとさじでどんな料理もタイ風に。炒め物や汁系のつまみに。

タイ・バンターイノラシン

◇ その他 ◇

ガーリックフレーク
生にんにくを切らしたときに大活躍。肉や魚にも。

アフリカ共和国・エスエルジャパン（輸入元）

いぶりがっこのタルタルソース 燻(くん)
バゲットに塗るだけで、そのままおつまみに。

秋田県・伊藤漬物本舗

151

材料別 INDEX ※調味料や油、お好みでプラスのものなど、一部の材料は除く。

魚介類

あ行
[あさり]
たけのことあさりの酒蒸し ……… 55
枝豆とあさりの煮びたし ……… 100
簡単アクアパッツァ ……………… 123

[いか]
セロリと燻製いかのマリネ ……… 21
いかとパクチーのサラダ ……… 99
いかの姿煮 ……………… 120

[えび]
えびのカレー風味揚げ ……… 75
えび玉トースト ……………… 76
ガーリックシュリンプ ……………… 83

か行
[牡蠣]
牡蠣とクレソンのバター炒め …… 77
牡蠣の揚げ出し ……………… 78
牡蠣のオイル漬け ……………… 143

さ行
[鮭]
鮭の南蛮漬け ……………… 144

[桜えび]
れんこんと桜えびのチーズ焼き … 102

[サバ]
サバサンド ……………… 49
サバのマリネ焼き ……… 86
タイ風サバの竜田揚げ ……… 101

[白子]
白子の卵とじ ……………… 50

[白身魚]
みそ de 刺し身 ……………… 29

簡単アクアパッツァ ……………… 123

[筋子]
筋子の昆布締め ……………… 130-131

[鯛のあら]
鯛のあら飯 ……………… 112-113

た行
[たこ]
たことキウイの簡単マリネ ……… 25
たこのアヒージョ ……………… 26

[ちくわ]
チーちく焼き ……………… 94

[ちりめんじゃこ]
油揚げの香味サラダ ……… 70

は行
[ほたるいか]
ほたるいかとえりんぎのソテー …… 53

ま行
[マグロ]
トロたく ……………… 27

[明太子]
明太子とれんこんのアヒージョ … 42-43

肉類

[牛肉]
えのポン肉巻き ……………… 54
牛肉とルッコラの炒め物 ……… 80
牛肉とトマトのすき焼き風 ……… 81
下町風肉豆腐 ……………… 98
肉巻き卵 ……………… 107
肉大根 ……………… 121

152

［豚肉］

谷中生姜の肉巻き ················· 40-41
厚揚げと豚バラのコクうま炒め ··· 47
きゅうりの豚バラ巻き ················· 57
スタミナ肉吸い ····················· 79
しらたきのチャプチェ風 ············· 85
キムチ納豆鍋 ······················· 97
豚肉のにらチーズ巻き ················· 106
紅茶豚 ···························· 114-115

［鶏肉］

鶏せり鍋 ··························· 104
鶏手羽中肉のXO醤焼き ··········· 105
スパイシーささみジャーキー ····· 124
手羽元のこっくり煮 ················· 125

［鶏レバー］

鶏レバーのウスターソース漬け ··· 145

［ハム・ソーセージ］

いちじくの生ハム巻き ················· 18
プチソーセージロール ················· 48
アテおこわ ························· 126

［ベーコン］

ポテサラベーコン巻き ················· 35
甘しょっぱ栗 ························ 37
洋風れんこんきんぴら ················· 44
ハニーマスタードベーコン ··········· 56
りんごとベーコン焼き ················· 108
玉ねぎのベーコン詰め ················· 117

卵

うずらの卵の前菜風 ················· 33
白子の卵とじ ······················· 50
さんざく ··························· 60
天たま ····························· 61

アボカドエッグ ····················· 69
トマトと卵のふわっと炒め ··········· 73
おつまみ茶わん蒸し ················· 74
スタミナ肉吸い ····················· 79
牛肉とトマトのすき焼き風 ··········· 81
オムコロ ························· 90-91
肉巻き卵 ··························· 107
納豆ナーラ ························· 110
甘酒オムレツ ······················· 118
卵春巻き ··························· 119
手羽元のこっくり煮 ················· 125
卵黄のしょうゆ漬け ················· 134
紅茶煮卵 ··························· 146

豆腐・大豆製品

［厚揚げ］

厚揚げのごままぶし ················· 46
厚揚げと豚バラのコクうま炒め ··· 47

［油揚げ］

お揚げのパクチーソースがけ ····· 23
油揚げの香味サラダ ················· 70
白菜と油揚げの煮びたし ··········· 116

［豆腐］

豆腐の塩漬け　カプレーゼ風 ······ 14-15
たぬき豆腐 ························· 58
豆腐のなめろう ····················· 59
柿の白あえ ························· 87
キムチの豆腐グラタン ················· 95

［納豆］

ところてん納豆 ····················· 36
豆腐のなめろう ····················· 59
キムチ納豆鍋 ······················· 97
納豆ナーラ ························· 110

[焼き豆腐]
下町風肉豆腐 …………………… 98

乳製品

[クリームチーズ]
ハニーチーズ …………………… 30
クレソンのブルスケッタ ………… 52
豆腐のなめろう ………………… 59
チーズチリポテト ……………… 66
柿の白あえ ……………………… 87
パインのバター焼き …………… 88
クリームチーズの粕漬け …… 128-129
柿ピーチーズ …………………… 137
クリームチーズのみそ漬け ……… 139
[粉チーズ]
スナック風ヤングコーン ……… 12-13
うずらの卵の前菜風…………… 33
甘しょっぱ栗 …………………… 37
トマトのチーズ焼き ………… 64-65
アボカドエッグ………………… 69
りんごとベーコン焼き ………… 108
納豆ナーラ ……………………… 110
[スライスチーズ]
サバサンド……………………… 49
豚肉のにらチーズ巻き ………… 106
[溶けるチーズ]
トマトのチーズ焼き ………… 64-65
チーちく焼き …………………… 94
キムチの豆腐グラタン ………… 95
れんこんと桜えびのチーズ焼き … 102
甘酒オムレツ …………………… 118
[パルメザンチーズ]
いぶりっちょ …………………… 20

マッシュルームのカルパッチョ… 22
クレソンのブルスケッタ ………… 52
[ピザ用チーズ]
れんこんチーズせんべい ……… 63
[プレーンヨーグルト]
水きりヨーグルトのカプレーゼ風 … 31
[プロセスチーズ]
奈良漬けとチーズのミルフィーユ 17
干し柿とチーズの春巻き ……… 51

海藻・こんにゃくなど

[青のり]
天たま……………………………… 61
[しらたき]
しらたきのチャプチェ風 ……… 85
下町風肉豆腐 …………………… 98
[ところてん]
ところてん納豆 ………………… 36

野菜・果物

あ行
[青じそ]
トロたく ………………………… 27
油揚げの香味サラダ …………… 70
牡蠣の揚げ出し ………………… 78
鯛のあら飯 ………………… 112-113
卵黄のしょうゆ漬け …………… 134
[赤じそ]
紅生姜…………………………… 147
[あさつき]
厚揚げと豚バラのコクうま炒め … 47

材料別 INDEX

ほたるいかとえりんぎのソテー … 53
たぬき豆腐 ………………………… 58
桜ポテト …………………………… 71
トマトと卵のふわっと炒め……… 73
牡蠣の揚げ出し …………………… 78
スタミナ肉吸い …………………… 79

［アボカド］
アボカドのレンチン蒸し ………… 68
アボカドエッグ …………………… 69

［いちじく］
いちじくの生ハム巻き …………… 18

［梅］
はちみつ梅干し …………………148

［枝豆］
枝豆のラー油炒め ………………… 16
枝豆とあさりの煮びたし …………100

［えのきたけ］
えのポン肉巻き …………………… 54

［えりんぎ］
ほたるいかとえりんぎのソテー … 53

か行
［かいわれ大根］
つまチップサラダ ………………… 19

［柿］
柿の白あえ ………………………… 87
柿と玉ねぎのマリネ ………………133

［かぼちゃ］
揚げかぼちゃのバルサミコ酢ソース …103

［キウイフルーツ］
たことキウイの簡単マリネ ……… 25
水きりヨーグルトのカプレーゼ風 … 31

［きゅうり］
ところてん納豆 …………………… 36
サバサンド………………………… 49

きゅうりの豚バラ巻き …………… 57
さんざく …………………………… 60
オムコロ ………………………… 90-91
新生姜ときゅうりのギョーザ… 92-93
いかとパクチーのサラダ ………… 99
ピーナッツの黒酢漬け ……………132
鮭の南蛮漬け ………………………144

［九条ねぎ］
みそ de 刺し身 …………………… 29

［グリーンアスパラ］
ソムタムもどき …………………… 67

［クレソン］
クレソンのブルスケッタ ………… 52
牡蠣とクレソンのバター炒め … 77

［ゴーヤ］
ゴーヤとツナのサラダ …………… 96

［ごぼう］
ごぼうと牛肉のサッと炒め ……… 82
ごぼポン揚げ ………………………141

さ行
［しいたけ］
厚揚げと豚バラのコクうま炒め … 47

［しめじ］
簡単アクアパッツァ ………………123

［じゃがいも］
じゃがいもの酒盗ガーリックマヨ炒め … 45
桜ポテト …………………………… 71
甘酒オムレツ ………………………118

［生姜］
谷中生姜の肉巻き……………… 40-41
豆腐のなめろう …………………… 59
油揚げの香味サラダ ……………… 70
ごぼうと牛肉のサッと炒め ……… 82
新生姜ときゅうりのギョーザ… 92-93

155

タイ風サバの竜田揚げ………… 101
鶏せり鍋………………………… 104
鶏手羽中肉のXO醤焼き ……… 105
鯛のあら飯 ………………… 112-113
紅茶豚………………………… 114-115
手羽元のこっくり煮 …………… 125
ぶどうのマリネ ………………… 136
鶏レバーのウスターソース漬け …145
紅生姜………………………………… 147

［せり］
鶏せり鍋………………………… 104

［セロリ］
セロリと燻製いかのマリネ ………… 21

［そら豆］
いかり豆 ………………………… 72

た行

［大根］
牡蠣の揚げ出し ………………… 78
肉大根…………………………… 121
コクうま大根ステーキ ………… 122
自家製干し大根のハリハリ漬け …138

［たけのこ］
たけのことみょうがのナムル……… 32
たけのことあさりの酒蒸し ……… 55

［玉ねぎ］
塩辛パクチー（新玉ねぎ）………… 38
油揚げの香味サラダ …………… 70
えび玉トースト …………………… 76
牛肉とトマトのすき焼き風 ……… 81
しらたきのチャプチェ風 ………… 85
下町風肉豆腐…………………… 98
いかとパクチーのサラダ ……… 99
玉ねぎのベーコン詰め ………… 117
甘酒オムレツ …………………… 118

卵春巻き …………………… 119
柿と玉ねぎのマリネ …………… 133
鮭の南蛮漬け ………………… 144

［トマト］
豆腐の塩漬け　カプレーゼ風 ……14-15
トマトのチーズ焼き ………… 64-65
トマトと卵のふわっと炒め ……… 73
牛肉とトマトのすき焼き風 ……… 81
いかとパクチーのサラダ ……… 99
簡単アクアパッツァ …………… 123
焼きなすのマリネ ……………… 142

な行

［長ねぎ］
お揚げのパクチーソースがけ …… 23
たぬき豆腐 ……………………… 58
豆腐のなめろう ………………… 59
スタミナ肉吸い ………………… 79
キムチの豆腐グラタン ………… 95

［なす］
焼きなすのマリネ ……………… 142

［にら］
スタミナ肉吸い ………………… 79
かっぱチヂミ …………………… 84
しらたきのチャプチェ風 ………… 85
豚肉のにらチーズ巻き …………106

［にんじん］
ソムタムもどき ………………… 67
しらたきのチャプチェ風 ………… 85

［にんにく］
たこのアヒージョ ……………… 26
みそ de 刺し身 ………………… 29
明太子とれんこんのアヒージョ …42-43
じゃがいもの酒盗ガーリックマヨ炒め …45
厚揚げと豚バラのコクうま炒め …47

材料別 INDEX

ほたるいかとえりんぎのソテー … 53
たけのことあさりの酒蒸し………… 55
トマトのチーズ焼き ………… 64-65
牡蠣とクレソンのバター炒め …… 77
スタミナ肉吸い ………………… 79
牛肉とルッコラの炒め物………… 80
ガーリックシュリンプ ………… 83
しらたきのチャプチェ風………… 85
サバのマリネ焼き ……………… 86
タイ風サバの竜田揚げ………… 101
れんこんと桜えびのチーズ焼き … 102
鶏手羽中肉のXO醤焼き … 105
紅茶豚……………………… 114-115
コクうま大根ステーキ ………… 122
簡単アクアパッツァ …………… 123
煮干しのオイルサーディン風……… 140
焼きなすのマリネ ……………… 142
牡蠣のオイル漬け ……………… 143
鶏レバーのウスターソース漬け … 145

は行
[パイナップル]
パインのバター焼き ……………… 88
[白菜]
白菜と油揚げの煮びたし ………… 116
[パクチー]
お揚げのパクチーソースがけ …… 23
塩辛パクチー ……………………… 38
いかとパクチーのサラダ ……… 99
タイ風サバの竜田揚げ………… 101
[パプリカ]
パプリカのブルスケッタ ………… 109
[ぶどう]
ぶどうのマリネ ………………… 136

ま行
[マッシュルーム]
マッシュルームのカルパッチョ…… 22
[みつ葉]
白子の卵とじ ……………………… 50
[みょうが]
たけのことみょうがのナムル……… 32
さんざく ………………………… 60
油揚げの香味サラダ …………… 70

や行
[ヤングコーン]
スナック風ヤングコーン ……… 12-13

ら行
[りんご]
りんごとベーコン焼き …………… 108
[ルッコラ]
牛肉とルッコラの炒め物…………… 80
[レタス]
レタスのタイ風炒め …………… 28
[レモン]
ガーリックシュリンプ …………… 83
[れんこん]
明太子とれんこんのアヒージョ… 42-43
洋風れんこんきんぴら…………… 44
れんこんチーズせんべい ……… 63
れんこんと桜えびのチーズ焼き … 102

ごはん・めん、パン・粉もの

[ギョーザの皮]
新生姜ときゅうりのギョーザ… 92-93

[ごはん・米]
鯛のあら飯 ………………… 112-113
アテおこわ ………………… 126
[小麦粉]
牡蠣とクレソンのバター炒め … 77
牡蠣の揚げ出し ………………… 78
かっぱチヂミ …………………… 84
鮭の南蛮漬け …………………… 144
[パスタ]
納豆ナーラ …………………… 110
[食パン・バゲット]
プチソーセージロール ………… 48
サバサンド ………………………… 49
クレソンのブルスケッタ ……… 52
えび玉トースト ………………… 76
パインのバター焼き …………… 88
パプリカのブルスケッタ ………109
[春巻きの皮]
干し柿とチーズの春巻き ……… 51
卵春巻き ………………………… 119

乾物

[切り干し大根]
天たま …………………………… 61
ソムタムもどき ………………… 67
[車麩]
車麩の照り煮 …………………… 62
[昆布]
筋子の昆布締め ………… 130-131
[煮干し]
煮干しのオイルサーディン風……… 140
[干し柿]
干し柿とチーズの春巻き ……… 51

[干しえび]
アテおこわ ……………………… 126

缶詰

[牛肉の大和煮]
ごぼうと牛肉のサッと炒め ……… 82
[さんま蒲焼き]
さんざく ………………………… 60
[スパム]
カリカリスパム………………… 34
[ツナ（ノンオイルタイプ）]
ゴーヤとツナのサラダ ………… 96

冷凍食品

[冷凍ポテト]
チーズチリポテト ……………… 66

漬物・保存食

[いかの塩辛]
塩辛パクチー …………………… 38
[いぶりがっこ]
いぶりっちょ…………………… 20
[梅干し]
梅干しキムチ …………………… 135
[キムチ]
キムチの豆腐グラタン ………… 95
キムチ納豆鍋 …………………… 97
梅干しキムチ …………………… 135
[桜の塩漬け]

材料別 INDEX

桜ポテ …………………………… 71

[ザーサイ]
新生姜ときゅうりのギョーザ… 92-93

[塩昆布]
納豆ナーラ ……………………… 110

[酒盗]
じゃがいもの酒盗ガーリックマヨ炒め … 45

[たくあん]
トロたく ………………………… 27

[奈良漬け]
奈良漬けとチーズのミルフィーユ… 17

[みそ]
みそ de 刺し身 ………………… 29
キムチ納豆鍋 …………………… 97
クリームチーズのみそ漬け……… 139

ナッツ、菓子類

[甘栗]
甘しょっぱ栗 …………………… 37

[アーモンド]
揚げかぼちゃのバルサミコ酢ソース … 103

[柿の種とピーナッツ]
柿ピーチーズ …………………… 137

[かっぱえびせん]
かっぱチヂミ …………………… 84

[チータラ]
スパイシーチータラ焼き ……… 24

[ナッツ]
ハニーチーズ …………………… 30

[ピーナッツ]
ピーナッツの黒酢漬け ………… 132

[ポテトチップス]
つまチップサラダ ……………… 19

その他

[甘酒]
甘酒オムレツ …………………… 118

[梅酢]
紅生姜…………………………… 147

[紅茶]
紅茶豚…………………………… 115
紅茶煮卵 ………………………… 146

[コロッケ（市販）]
オムコロ ……………………… 90-91

[酒粕]
クリームチーズの粕漬け …… 128-129

[天かす]
たぬき豆腐 ……………………… 58
天たま …………………………… 61

[はちみつ]
ハニーチーズ …………………… 30
ハニーマスタードベーコン ……… 56
パインのバター焼き ……………… 88
手羽元のこっくり煮 ……………… 125
梅干しキムチ …………………… 135
鶏レバーのウスターソース漬け … 145
はちみつ梅干し ………………… 148

[フライドにんにく]
アボカドのレンチン蒸し ………… 68

[ポテトサラダ（市販）]
ポテサラベーコン巻き…………… 35

159

葉石かおり（はいし・かおり）

一般社団法人ジャパン・サケ・アソシエーション理事長／酒ジャーナリスト、エッセイスト
国内外でサケ・アカデミーを開講し、日本酒の伝道師・SAKE-EXPERTの育成を行う。全国の日本酒・焼酎蔵を巡り、各メディアにコラムを執筆する傍ら、テレビ、ラジオにも出演。著書に『日本酒マニアックBOOK』『日本酒のペアリングがよくわかる本』『焼酎マニアックBOOK』（いずれもシンコーミュージック・エンタテイメント）、ベストセラーとなった『酒好き医師が教える最高の飲み方』『酒好き医師が教える もっと！ 最高の飲み方』（後者は2019年11月21日発売。ともに日経BP社）などがある。

つまみと酒122

著・タイトル文字・撮影	葉石かおり
構成・編集	小宮千寿子（スプラウトK）
ブックデザイン・DTP	浅井美穂子（オフィスアスク）
制作・撮影	播磨秀史（書籍編集ルーム）
協　力	田中章博（朝日新聞生活文化部）

2019年12月3日　初版発行

発行人	草野夏矢
発行元	株式会社シンコーミュージック・エンタテイメント
	〒101-8475　東京都千代田区神田小川町2-1
	Tel：03-3292-3271（書籍編集ルーム）、03-3295-4191（営業部）
	Fax：03-3292-3283（書籍編集ルーム）、03-3295-0006（営業部）
	E-mail：info@shinko-music.co.jp
	URL：http://www.shinko-music.co.jp/
編集人	笹川孝司

印　刷	図書印刷株式会社
製　本	株式会社若林製本工場

©2019 Kaori Haishi
Published by SHINKO MUSIC ENTERTAINMENT Co., Ltd.
ISBN978-4-401-64804-7
Printed in Japan

■定価はカヴァーに表示してあります。
■本書の記事及び写真の無断転載は固くお断わりいたします。
■本書の無断複製は著作権法での例外を除き禁じられています。また、代行業者等の第三者による本書のデジタル化は、たとえ私的使用の範囲内であっても一切認められません。
■万一、乱丁・落丁の際はお取り替え致します。